이 책은 누가복음의 독특한 주제인 '기도'를 웅변적으로 보여 준다. 누가복음은 기도로 시작하여 기도로 끝난다는 것, 그리고 누가가 제시하는 구속의 드라마는 마치 씨줄과 날줄처럼 기도와 엮여 있다는 것이다. 저자는 이 책에서 기도의 모범을 보이신 예수님을 통해 기도의 신학과 실천을 제시한다.

— 오광만, 대한신학대학원대학교

서구의 학자가 예수님의 기도를 누가복음 전체의 맥락에서 그분의 구원 사역과 긴밀하게 연결하여 설득력 있게 다루면서도 기도의 중요성을 가슴에 와닿도록 보여 주는 것은 참으로 고무적인 일이다. 이에 이 책을 한국 교회에 유익한 책으로 적극 추천한다.

— 유상섭, 창신교회, 『나의 사랑하는 책 사도행전』 저자

저자의 말대로, 성경 해석에 관한 주해서가 기도를 깊이 다루는 경우는 거의 없다. 하지만 이 책은 예외이다. 저자는 '기도'라는 주제가 어떻게 누가복음을 관통하는지, 기도가 어떻게 예수님의 생애의 시작과 끝, 그리고 그 전 과정을 이끄는지를, 뚜렷하고 효과적인 방식으로 보여 준다. 흥미롭고 유익할 수밖에 없다.

— 채영삼, 백석대학교 신학대학원

Copyright ⓒ 2016 by Craig G. Bartholomew
Originally published in English under the title
Revealing the Heart of Prayer: The Gospel of Luke
by Lexham Press, 1313 Commercial St., Bellingham, WA 98225, U.S.A.
All rights reserved.

Translated and used by permission of Lexham Press.

This Korean Edition Copyright ⓒ 2018 by Jireh Publishing Company,
Goyang-si, Gyeonggi-do, Republic of Korea.

이 한국어판 저작권은 Lexham Press와 독점 계약한 이레서원에 있습니다.
신저작권법에 의하여 한국 내에서 보호받는 저작물이므로 무단 전재와 무단 복제를 금합니다.

기도의 심장: 누가복음

Revealing the Heart of Prayer: The Gospel of Luke

기도의 심장: 누가복음
Revealing the Heart of Prayer: The Gospel of Luke

크레이그 바르톨로뮤 지음
송동민 옮김

초판 1쇄 인쇄   2018년 3월 28일
초판 1쇄 발행   2018년 4월 4일

발행처   도서출판 이레서원
발행인   문영이
출판신고   2005년 9월 13일 제2015-000099호

기획   이혜성
편집   송혜숙, 오수현
영업   박생화
총무   곽현자

경기도 고양시 일산동구 중앙로 1160 오원플라자 801호
Tel. 02)402-3238, 406-3273 / Fax. 02)401-3387
E-mail: Jireh@changjisa.com
Website: Jireh.kr / Facebook: facebook.com/jirehpub

책값은 표지에 있습니다.

ISBN 978-89-7435-502-9 04230
ISBN 978-89-7435-500-5 04230 (세트)

신저작권법에 의해 한국 내에서 보호받는 저작물이므로 저작권자의 서면 허락 없이 이 책의 어떠한 부분이라도 전자적인 혹은 기계적인 형태나 방법을 포함해서 그 어떤 형태로든 무단 전재하거나 무단 복제하는 것을 금합니다.

이 도서의 국립중앙도서관 출판예정도서목록(CIP)은 서지정보유통지원시스템 홈페이지(http://seoji.nl.go.kr)와 국가자료공동목록시스템(http://www.nl.go.kr/kolisnet)에서 이용하실 수 있습니다. (CIP 제어번호: CIP2018006597)

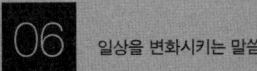 일상을 변화시키는 말씀

기도의 심장
: 누가복음

Revealing the Heart of Prayer
The Gospel of Luke

크레이그 바르톨로뮤 지음
송동민 옮김

이레서원

"주여
요한이 자기 제자들에게 기도를 가르친 것과 같이
우리에게도 가르쳐 주옵소서"
(눅 11:1)

목차

1장	서론	· 9
2장	예수님의 이야기인 누가복음	· 17
3장	예수님의 삶과 사역의 중심인 기도	· 39
4장	누가복음 안에서의 기도와 구속 사역	· 57
5장	사도행전 – 그 후속 편	· 69
6장	기도와 누가복음 읽기	· 76
7장	기도와 전임 사역	· 92
8장	왜 기도가 중심이 되어야 하는가	· 100
9장	예수님이 실천하신 기도	· 107
10장	기도와 사역	· 122
11장	쉬지 말고 기도하라	· 130

부록: 추가적인 독서를 위한 자료 · 133

1장

서론

 불길은 보통 열린 공간에서 타오르지만, 기도는 그렇지 않다. 기도는 마치 숨겨진 불과 같아서, 그 결과는 우리의 인간성과 하나님의 응답을 통해 드러난다. 우리는 하나님을 위해 지음받았으므로, 기도보다 더 인간적인 행위는 없다. 기도는 예수님 안에서 우리를 찾아오시고 살아 계신 하나님을 향해 열린 자세를 취하는 것이다. 하지만 기도의 그 은밀한 성격 때문에, 우리는 기도를 소홀히 하거나 하나님이 그분 자신에 관해 훨씬 더 많은 것을 알려 주기 원하실 때에도 그보다 적은 것에 안주하기 쉽다. 다음의 이야기는 사막 교부들, 곧 주로 이집트 사막에서 생활했던 초기 기독교 시대의 수도사들에 관한 내용이다.

수사 롯이 수사 요셉을 만나러 가서 이렇게 말했다. "선생님, 저는 할 수 있는 대로, 매일기도서를 따라 기도합니다. 간혹 금식을 하고, 기도와 명상도 하지요. 저는 평화롭게 생활하고, 될 수 있는 대로 깨끗한 생각만 하려고 합니다. 이 외에 또 어떤 일들을 해야 할까요?" 그러고는 다시 말했다. "이 외에 어떤 일들을 할 수 있을까요?" 그러자 노(老)수사인 요셉은 일어서서 하늘을 향해 손을 뻗었다. 그의 손가락들은 불이 타오르는 열 개의 등잔 같은 모양이 되었다. 그는 롯에게 대답했다. "만약 마음만 먹는다면, 자네는 온전히 타오르는 존재가 될 수 있다네."[1]

누가복음 개요

1:1-4	서언: 누가의 기록 목적
1:5-9:50	예수님의 독특한 정체성: 구원 사역을 위한 하나님의 대리자
1:5-2:52	유년기 내러티브: 예수님의 독특한 출생
3:1-4:13	사역을 위한 준비: 예수님의 독특한 사역 자격
4:14-9:50	초기 사역: 예수님의 독특한 능력과 권위
9:51-24:53	예수님의 독특한 사명: 믿음의 백성 인도하기
9:51-19:27	여행 내러티브: 예수님을 따르기 위해 우선순위 조정하기
19:28-23:56	예루살렘에 입성하신 예수님: 갈등을 처리해 나가심
24:1-53	부활과 승천: 예수님의 승리와 높아지심[2]

---

1 Benedicta Ward, *The Desert Fathers: Sayings of the Early Christian Monks* (London Penguin, 2003), 131.
2 Huffman, D. S., "Luke, Gospel of," in *The Lexham Bible Dictionary*, eds. J. D. Barry et al (Bellingham, WA: Lexham Press, 2012, 2013, 2014, 2015).

제자로서 우리는 예수님을 따르는 이들이다. 이 책에서는 기도를 주제로 삼아 누가복음을 살펴볼 것이며, 특히 기도에 관해 예수님께 무엇을 배울 수 있는지에 초점을 맞추려 한다. 나는 여러분이 누가복음 본문을 늘 곁에 두고, 기도하는 마음으로 천천히 이 책을 읽어 가기를 권한다. 아래의 기도문은 여러분이 지금 이 여정을 걷는 내내 거듭해서 기도할 내용이다.

> 주님, 저의 눈을 열어 예수님을 보게 하소서.
> 그분의 위대하심, 그분의 은혜, 그분의 겸손함을 보게 하소서.
> 당신의 성령께서 저에게 그분을 비추어 주시기 원합니다.
> 그리하여 제가 그분을 보고
> 그분과 같이 되며,
> 당신과 교제하는 삶을 살게 하소서.
> 온전히 타오르는 존재가 되기 원합니다.
> 아멘.

예수, 성육신하신 분

누가복음을 비롯한 네 복음서 모두, 어떤 식으로든 성육신 이야기를 들려준다. 고전이 된 책인 *On the Incarnation*(성육신에 관하여)에서 아타나시우스(Athanasius)는 다음과 같이 명민하게 지적한다. 곧 성육신을 이해하기 위해서는 (따라서 누가복음을 이해하기 위해서는) 먼저 창조를 이해하고, 또한 사람됨의 의미가 무엇인지, 곧 하나님의 형상으로 지음받은 일의 의미가 무엇인지 이해할 필요가 있다는 것이다.

> 우리는 구주께서 자연적인 결과로 육신을 입게 되셨다고 생각해서는 안 된다. 그보다도 그분은 본성상 신체가 없으시며 하나님의 말씀으로 존재하시지만, 인간에 대한 사랑과 성부 하나님의 선하심 때문에 우리를 구원하시려고 사람의 몸을 입고 나타나셨다. 이 일에 관해 설명할 때에는 먼저 이 우주의 창조와 그 주인이신 하나님에 관해 말할 필요가 있다. 그럼으로써 우리는 그 우주의 재창조가 처음에 그것을 지으셨던 하나님의 말씀에 의해 성취되었음을 제대로 헤아리게 되기 때문이다. 성부 하나님이 처음에 그 안에서 우주를 지으셨던 바로 그분을 통해 구원을 이루신다는 것은 모순되는 말로 들리지 않을 것이다.[3]

아타나시우스의 지적처럼 예수님의 성육신과 그분의 이야기가 성경의 원대하고 포괄적인 이야기의 맥락 속에 어떻게 들어맞는지를 파악하지 못한다면, 우리는 그분의 이야기와 성육신이 지닌 의미를 오해하게 될 것이다. 누가는 자신이 기록한 예수님의

---

3 Saint Athanasius, *On the Incarnation*: *Saint Athanasius*, Popular Patristics Series Book 44 (Yonkers, NY: St. Vladimir's Seminary Press, 2014), Kindle edition, loc. 56-57.

계보를 통해 이 점을 일깨워 준다(3:23-38). 예수님이 공적인 사역을 시작하시는 부분에서, 누가는 그분의 정체성에 관한 의문을 일소하기 위해 이 계보를 기술한다. 누가는 요셉의 혈통을 따라, 다윗과 아브라함과 노아를 지나 마침내는 '하나님의 아들'인 아담에게까지 거슬러 올라가는 예수님의 계보를 추적해 나간다. 한편 이와 대조적으로 마태는 아브라함에서 시작해, 예수님이 아브라함의 자손이자 다윗의 자손이심에 관심을 집중한다(마 1:1-17). 이처럼 예수님이 아담의 자손이심에 주의를 집중시키는 누가의 독특한 접근 방식을 통해, 우리는 예수님의 공적인 사역을 온 창조 세계를 향한 하나님의 목적에 확실히 연관 짓게 된다. 바울의 어휘(롬 5:15)를 써서 말하면, 누가는 예수님이 '두 번째 아담'이심을 일깨운다.

> ### 가치 있는 오래된 책
> 성 아타나시우스의 글인 *On the Incarnation*(성육신에 관하여)에 쓴 서문에서 C. S. 루이스는 이렇게 조언한다. "우리가 따를 좋은 규칙은 이렇습니다. 새로 나온 책을 한 권 읽고 나면, 오래된 책을 한 권 다 읽기 전까지 다른 새 책을 집어 들지 않는 것입니다."[4] 아타나시우스(서기 296/8-373)는 알렉산드리아의 제20대 주교로서 많은 글을 저술했다. 루이스가 그 '오래된' 책들 중에서 아타나시우스의 *On the Incarnation*을 고전으로 간주한 것은 타당한 일이다.

---

4   Athanasius, *On the Incarnation*, loc. 720-724.

예수님을 통해 하나님은 온 창조 세계를 향한 자신의 목적을 회복하며 원죄의 결과들을 역전시키는 일들을 진행하고 계신다. 이런 하나님의 일들 속에는 물론 우리의 개인적인 구원도 포함되지만, 예수님이 육신을 입으신 데에는 그보다 훨씬 더 큰 의미가 있다. 아타나시우스는 예수님이 이 세상에 오신 일을, 한 위대한 왕이 어떤 큰 도시에 입성하여 한 집에 머무는 것에 비유하면서, 하나님이 예수님의 삶과 죽음을 통해 이루신 일에 엄청난 의미가 있음을 환기시킨다. 그에 따르면, 이제 그 도시는 큰 영예를 누리게 된 것이다. 그리고 왕이 머묾으로써 악의 존재 자체가 격퇴된다.[5] 그는 이어 이렇게 언급한다. "한 왕이 어떤 집이나 도시를 건축했다고 하자. 만일 거주민들의 부주의를 틈타 도적들이 공격해 오더라도, 왕은 결코 그곳을 버리고 떠나지 않을 것이다. 오히려 왕은 그들을 물리침으로써 자신이 지은 그곳을 보호하려 할 것이다. 이는 그가 거주민들의 부주의에 연연하지 않고, 오직 자신의 명예를 중요시하기 때문이다."[6]

그러므로 예수님의 성육신과 구속 사역에는 우리가 상상하는 것보다 훨씬 더 중대한 의미가 있다. 일반적으로 '마리아의 찬가'(Magnificat)로 알려진 노래(1:46-55)에서, 마리아는 엘리사벳의

---

5 Athanasius, *On the Incarnation*, loc. 859-863.
6 Athanasius, *On the Incarnation*, loc. 865-867.

임신 소식을 듣고 하나님이 "아브라함과 그 자손에게" 주신 약속을 언급한다(1:55). 이를 통해 우리는 곧장 창세기 12:1-3로 돌아가게 된다. 이 창세기 본문에서 하나님은 창조 세계에 임한 심판의 결과를 아브라함과 그의 자손들을 통해 역전시키고, 오히려 복을 베풀어 주실 것을 약속하시기 때문이다. 성부 하나님은 예수님 안에서, 온 창조 세계에 복을 주시려는 자신의 목적을 회복시키고 계신다. 그러니 우리는 기대감과 경외심을 품고 누가복음을 대하는 것이 마땅하다. 성육신하신 예수님은 누가복음에서 명확히 두 번째 아담으로 묘사된다. 예수님은 우리의 인간성을 구속하실 뿐 아니라, 참된 인간성이 무엇인지도 보여 주신다.

창세기 3:8에서 우리는 에덴동산에서 하나님이 어떤 모습으로 아담과 하와와 함께 거니셨을지를 어렴풋이 보게 되며, 이는 그분 자신과의 교제를 누리게 하는 것이 우리를 지으신 주된 목적 중 하나였음을 가르쳐 준다. 따라서 기도는 참으로 인간적인 행위이며, 누가가 두 번째 아담이신 예수님을 기도의 사람으로 묘사하는 것도 놀라운 일이 아니다. 우리가 예수님을 닮아서 그분처럼 온전한 사람이 되기 원한다면, 기도에 관한 그분의 가르침과 모범에 관심을 쏟을 필요가 있다.

| 읽 어 볼 글 들 |

- 요한복음 1:1-14

| 생 각 해 볼 질 문 |

01 당신에게 '성육신'이라는 단어는 어떤 의미를 지니는가?

_____

_____

_____

02 마태복음, 누가복음, 요한복음 중에서 하나를 선택해서, 당신이 고른 그 복음서가 성육신 이야기를 어떻게 전하고 있는지 설명해 보라. 성육신을 성경 이야기 전체의 맥락에서 이해하는 일이 꼭 필요한 이유는 무엇인가?

_____

_____

_____

03 당신이 보기에 성육신은 기도와 어떻게 연관되는가?

_____

_____

_____

2장

예수님의 이야기인 누가복음

성경 해석의 기본 규칙은 지금 읽는 책이 어떤 종류의 문헌인지에 유의하는 것이다. 따라서 우리는 누가복음이 어떤 문학적 장르에 속하는지를 질문해 보아야 한다. 학자들은 복음서가 전기인지에 관해 오랫동안 논쟁해 왔다. 복음서는 현대적인 의미의 전기가 아닌 것이 분명하고, 그 책들은 예수님의 공적인 사역, 특히 그분의 죽음과 부활에 초점을 맞추기 때문이다. 누가복음을 이해하기 위해서는 그 책이 **내러티브**, 곧 이야기나 기록 혹은 연대기임을 알아야만 한다. 이 경우에 그 책은 실제로 있었던 역사적 사건들을 서술한 내러티브이다. 누가는 자신이 쓴 글을 '질서 있게(차례대로) 기록한 이야기'로 규정하며, 자신이 역사를 활용하여 교훈을 전하고 있음을 언급한다. 이를 통해 그는 예수님과 초대 교회에서 하나님이 행하신 일들을 설득력 있게 선포한다. 조엘 그린(Joel B. Green)이 지적하듯이 "그 선포의 방편은 서사적인 이야기이며, 그 속에 담긴 '질서'는 우리가 그 해석을 이해하는 데 매우 중요한 역할을 한다."[7] 그의 말은 당연한 것으로 들릴지 모르지만, 그 가운데는 최근의 성경학에서 실제적인 진전을 이룬 영역에 관련된 함의가 담겨 있다.

누가복음이 내러티브라는 점은 곧 그 내용을 해석하는 데 다음의 요소들이 중요한 역할을 한다는 것을 일깨워 준다. 등장인물, 플롯, 사건 배열, 시작과 결말, 그리고 내러티브의 틀이 그 요소들이다.[8] 복음서의 저자들이 으레 그리하듯이, 누가는 서술자인 자신의 목소리에 관심을 집중시키지 않는다.[9] 그리하여 우리는 누가복음을 내러티브 또는 이야기로 여기고 그 내용에 귀를 기울이는 가운데, 그 책에 담긴 메시지를 듣게 된다. 또한 저자가 그 후속 편인 사도행전을 썼다는 점에서 누가복음은 다른 복음서들과 구별된다. 의사인 누가는 바울의 동역자였으며, 바울의 몇몇 서신에서

---

7 Joel B. Green, *The Gospel of Luke* (Grand Rapids: Eerdmans, 1997), 38.
8 Brian Richardson, ed., *Narrative Dynamics: Essays on Time, Plot, Closure, and Frames* (Columbus, OH: Ohio State University Press, 2002)을 보라.
9 다만 S. Sheeley, *Narrative Asides in Luke-Acts* (London: Bloomsbury, 2015)의 논의를 보라.

그 이름이 언급된다(골 4:14; 딤후 4:11; 몬 1:24). 사도행전의 서두에서 누가는 이렇게 상기시킨다. "데오빌로여 내가 먼저 쓴 글에는 무릇 예수께서 행하시며 가르치시기를 시작하심부터 … 승천하신 날까지의 일을 기록하였노라"(1:1-2). 그리고 사도행전에서는 예수님이 승천하여 성부 하나님의 오른편에 앉으신 후에 성령과 교회를 통해 계속 이루어 가신 일들을 기록한다.

그런데 누가복음을 이야기나 내러티브로 규정한다고 해서 그 안에 담긴 내용이 역사적인 사실이 아니라는 뜻은 아니다. 이 내러티브의 형식을 통해, 누가는 하나님과 예수님, 그리고 사도행전에서 예수님이 보내시는 성령님이 주인공이 되는 세계를 우리 앞에 펼쳐 보인다. 이런 묘사의 타당성은 과연 그 안에 기록된 사건들이 실제의 시공간 속에서 일어났는지 여부에 달려 있다.[10] 하지만 그 사건들이 해석되는 것도, 그 세계가 열려서 우리가 그곳을 탐구하고 그 안에 머물도록 초대받는 것도 바로 이 내러티브 형식을 통해서이다. 구전 전승이 중요한 역할을 했던 문화권에서는 이야기가 지식 전달의 주된 방편으로 활용되었다.

이 책에서 우리는 먼저 누가복음 전체의 이야기를 살펴본 뒤에

---

10 이는 복음서들의 역사성이 단순한 문제임을 언급하려는 것이 아니다. 다만 언어 행위로서 복음서들이 지니는 효율성은 그 내용의 역사성에 의존한다는 점, 그리고 복음서들을 역사적으로 비교하기 이전에 각 복음서의 서사를 분석하는 편이 낫다는 점을 주장하려는 것이다.

예수님과 기도의 관계를 탐구하려 한다. 이는 누가가 거듭 강조하는 주제이자 조합이다.

> **누가가 들려주는 예수님 이야기에 귀 기울이기**
> 누가복음은 예수님 이야기를 들려주는 내러티브 형식으로 기록되어 있다. 우리는 그런 특성에 유의하면서 그 이야기에 귀 기울일 필요가 있다. 우리는 1세기 그리스도인들이 과연 누가의 말을 어떤 식으로 듣고 이해했을지에 관심을 쏟아야 한다.

A. 서언: 누가의 기록 목적(1:1-4)

누가복음 1:1-4에 기록된 서언은 이 책이 어떤 문헌에 속하는지를 밝혀 주고 누가의 이 책을 유사한 내러티브들 속에 위치시키는 동시에, 이 저자의 내러티브의 출처가 목격자들의 증언임을 일깨워 준다. 또한 이 단락에서는 누가가 직접 주의 깊게 살핀 내용을 토대로 삼아, 데오빌로를 위해 이전에 있던 것들과 유사한 내러티브를 집필하기로 마음먹었음을 알려 준다.[11] 이는 수신자인 데오빌로가 이 글을 읽고, 그가 배운 일들에 관해 '정확한 사실을 알게끔' 하려는 것이다. 여기서 누가복음과 다른 복음서들 사이의 주된 차이점은 그 대상으로 삼은 청중에 있는 것으로 보인다. 곧

---

11 월터 옹(Walter Ong)의 저서들이 일깨워 주듯이, 뚜렷이 구술에 의존하던 당시 상황에서 누가는 전혀 다른 이야기를 전달하려는 것이 아니라, 동일한 이야기를 자신만의 청중을 위해 자신만의 고유한 방식으로 들려주려고 했을 것이다.

누가의 경우에는 "데오빌로 각하[12]"와 (그런 호칭의 범주에 들었을 만한) 그의 벗들이 수신자였다. 우리는 데오빌로에 관해 아는 바가 거의 없다. 하지만 이 서언에 뚜렷이 담긴 헬라적인 문체와 수신자의 공적인 지위는 누가복음이 이방인들을 대상으로 하는 성격을 지녔음을 보여 준다.

이 복음서에는 변증적인 성격이 있다. 이는 '변호하는'(apologetic)이라는 단어가 때때로 나타내듯 잘못이나 실패를 인정한다는 의미가 아니라, 누가가 하나의 변증서 또는 옹호의 글로서 이 책을 내놓고 있다는 의미에서 그렇다는 것이다. 누가는 유대 세계뿐 아니라 이방인 그리스-로마 세계에 대해서도 예수님 이야기가 그들이 직면하고 있는 실존적인 문제와 고민거리에 대한 해답이 된다는 점을 보이려 했다. 그렇기에 성경의 네 복음서 가운데서 누가복음의 서언은 독특하게도 헬라적인 양식을 취하며, 누가는 특히 자신이 대상으로 삼은 청중에 걸맞은 방식으로 이야기를 서술해 나간다.

모든 내러티브에서 서두와 결말은 중요한 요소이다. 따라서 누가의 이야기가 누가복음 24장에서 끝나는지, 아니면 사도행전

---

12 '각하'(Most excellent)는 일반적으로 로마 제국의 정치가를 가리키는 호칭이었지만 단순히 상대방을 높여 부르는 이름이었을 수도 있다. 어떤 경우든, 데오빌로는 상당한 지위에 있는 인물이었다.

28장에서 끝나는지를 결정할 필요가 있다. 이에 관해 그린은 이렇게 언급한다. "누가-행전의 서사적 통일성은 누가의 작품들에 대한 우리의 독법에 중요한 함의를 지닌다. 그 통일성을 생각할 때 무엇보다 요구되는 점은 곧 누가가 대상으로 삼은 청중과 그가 다룬 필요(들)을 해석할 때, 누가복음과 사도행전에서 나타나는 모든 증거를 염두에 두어야 한다는 것이다."[13] 이 지적은 분명히 옳다. 다만 정경에서는 누가복음이 교회 역사의 초기에 생겨난 '사복음서' 모음집의 일부로 간주되면서 사도행전과 분리되어 온 것도 사실이다.

내가 보기에는 누가복음을 하나의 일관성 있는 이야기인 동시에 두 부분으로 구성된 작품의 전반부로 읽을 필요가 있다. 누가복음과 사도행전의 결말 **모두**가 누가복음 읽기에 중요한 의미를 지닌다. 누가복음 이야기는 성전에서 시작해 성전에서 끝나며, 이때 제자들은 늘 성전에 모여 하나님을 송축한다. 실상 예루살렘은 누가복음에서 중심 위치를 차지한다. 누가복음의 서언은 로마 세계에서 복음, 곧 예수 그리스도에 관한 복된 소식이 갖는 중요성을 일깨우고, 사도행전 역시 로마에서 하나님 나라를 선포하고 예수 그리스도에 관해 자유롭게 가르치는 바울의 모습으로 끝맺는다는 점은 눈여겨볼 만하다.

---

13 Green, *The Gospel of Luke*, 10.

누가복음은 서언으로 시작하지만, 실제 이야기는 1:5에서 개시된다. 그린에 따르면 "누가의 서언(1:1-4)은 내러티브 자체와는 별개의 것이며"[14], 실제 이야기로의 전환은 급작스럽게 이루어진다. 그러나 톰 라이트(Tom Wright)와 조엘 그린이 모두 지적하듯, 이처럼 헬라적인 역사 서술의 세계에서 작은 동네에 살고 있는 유대인들의 세계로 배경이 전환되는 데에는 중요한 의미가 있다. "누가에게 이 두 세계가 서로 교차하는 것은 결정적인 중요성을 지닌다. 그는 자신의 질서 있는 서술을 통해, 이 고대의 갈릴리와 유대 세계에서 벌어진 일들이 어떻게 보편적인 의미를 지니는지를 보여 줄 것이기 때문이다."[15] 그리스어 원문을 살펴보면, 사용된 언어의 양식 역시 서언의 복잡하고 균형 잡힌 문체에서 셈어식 표현이 가득 담긴 좀 더 단조로운 문체로 바뀐다.

B. 유년기 내러티브: 예수님의 독특한 출생 (1:5-2:52)

이 단락은 1:5과 3:1에서 제시되는 지리적, 역사적인 언급을 통해 그 경계가 정해지며, 2:52의 요약도 마찬가지 역할을 한다. 세례 요한과 예수님의 출생을 다룬 내용 역시 그렇게 경계를 만든다. 이 단락 안에는 수많은 (연대기적, 지리적, 지정학적, 지형적인) 표지

---

14 Green, *The Gospel of Luke*, 47.
15 Green, *The Gospel of Luke*, 47.

들이 들어 있다. 이 표지들의 목적은 내러티브의 극적인 움직임을 환기시키고 사건들이 실제로 일어났다는 구체적인 느낌을 전달하며 하나님이 그 사건들 한가운데에서 일하고 계심을 보여 주려는 데 있다.

세례 요한과 예수님은 이 단락에서 소개되는 중심인물이다. 동료 기록자인 마가나 요한과 달리, 누가는 이 출생 이야기들이 예수님의 사명에 관해 중요한 단서를 제공한다는 바른 믿음을 품고 이 중대한 두 인물의 출생을 둘러싼 사건들을 길게 들려준다. 이 단락에 담긴 내용의 대부분은 누가복음에만 나타나는 것들이며, 이에 관해 존슨(Johnson)은 이렇게 언급한다. "따라서 사도행전의 경우와 마찬가지로, 이 장들은 자신의 이야기를 사람들이 어떻게 받아들이기를 원하는지에 관한 누가의 의도를 독자들에게 보여 준다는 점에서 특히 중요하다."[16] 사실상 뒤에 이어질 내러티브의 모든 씨앗이 이 단락 안에 심겨 있다. 이 단락에서는 세례 요한과 예수님이 나란히 대비되지만,[17] 예수님의 출생에 좀 더 많은 내용이 할애된다. 이는 분명히 예수님이 **오실 그분**으로 지칭되기 때문이다.[18] 두 인물의 출생 모두 "복음", "좋은 소식"으로 묘사되

---

16 Luke Timothy Johnson, *The Gospel of Luke* (Collegeville, MN: Liturgical Press, 1991), 34. 『루카복음서』, 대전가톨릭대학교 출판부.
17 Green, *The Gospel of Luke*, 50.
18 사도행전 13:24-5; 18:25; 19:1-4을 고려하여, 그린은 이 점에 중요한 의미

며(1:19; 2:10)[19], 이를 통해 처음부터 요한과 그의 사역이 예수님과 그분의 사역에 긴밀히 연관된다.

　요한과 예수님의 대비뿐 아니라, 사가랴와 마리아와 시므온의 경우에는 약속과 성취, 그에 대한 찬송의 응답이 하나의 주제를 이루어 반복된다. 이 세 사람의 '노래' 또는 찬미의 기도는 이 단락을 하나로 묶는다. 사가랴와 마리아와 시므온은 이 두 인물의 출생을 이스라엘의 원대한 이야기라는 맥락 속에 위치시키는 역할을 한다. 위대한 선지자 엘리야의 심령과 능력으로 요한은 주님을 위해 한 백성을 준비시킬 것이다(1:17). 가브리엘은 마리아에게 그녀의 아들이 지극히 높으신 이의 아들이 될 것이며 다윗의 왕위를 얻을 것임을 선포한다. 이들의 세 노래는 두 인물의 출생을 뚜렷이 이스라엘의 이야기 속에 위치시키며, 이 단락의 주인공이신 이스라엘의 하나님이 역사 속에서 자신의 목적을 성취하시기 위해 움직이고 계심을 보여 준다. 이 점은 이 단락 가운데서 창세기 11-21장과 27-43장, 다니엘서 7-10장 등과 연관 지어 나타나는 많은 구약의 인용과 암시를 통해 확증된다. 이처럼 인용과 암시가 가득 담겨 있기 때문에, 그린은 누가의 내러티브에서 이 부분은 구약 본문들이 메아리처럼 울려 퍼지는 곳이라고 언급한다.

　를 부여한다(*The Gospel of Luke*, 51).
19　두 경우 모두에 이 단어의 동사형이 쓰였다.

이 단락은 틀림없이 당대의 메시아사상과 연관 있었을 것이며, 이런 측면에서 이 세 노래를 비교해 보는 것은 흥미롭다. 사가랴의 노래에는 하나님이 이스라엘을 그 원수들에게서 건져 내신다는 강조점이 강하게 반영되어 있으며, 시므온의 노래는 예수님이 이스라엘 안에서 일으킬 이중적인 반응에 좀 더 주의를 기울인다.[20] 매싱버드 포드(J. Massyngberde Ford)는 흥미롭게도 이 단락에서 누가가 의도적으로 메시아를 향한 기대를 고조시킨다는 주장을 편다. 포드에 따르면, 누가는 특히 물리력을 사용하여 로마의 통치를 무너뜨리자고 주장한 열심당의 기대를 고조시키며, 그러고는 그 기대를 이 복음서의 나머지 부분에서 드러나는 예수님의 접근 방식과 대조하려 한다는 것이다. 처음부터 "이스라엘 이야기 속에 잠재된 약속이 어떻게 성취되어야 하는가" 하는 문제가 논의의 중심에 놓이며, 이를 통해 이 내러티브의 전개 방향에 관한 독자의 기대감이 고조된다.

여러 면에서 이 단락은 곧 이어질 내러티브의 내용을 미리 내

---

20 David Bosch, *Transforming Mission: Paradigm Shifts in Theology of Mission* (Maryknoll, NY: Orbis, 2003), 108-13을 보라. 『변화하는 선교』, CLC. 또한 J. Massyngberde Ford, *My Enemy Is My Guest: Jesus and Violence in Luke* (Maryknoll, NY: Orbis, 1984)를 살펴보라. 이 책에서 포드는, 이 단락에서 누가가 메시아를 향한 기대를 의도적으로 고조시키고 있다고 주장한다. 포드에 따르면, 이는 그 기대를 누가복음 4장에서 예수님이 보여 주실 논쟁적인 접근법과 대조하기 위함이다.

다보고 있다. 누가복음에만 나타나는 이 본문에서, 우리는 이후의 등장인물들이 깨닫지 못할 정보를 여러 번에 걸쳐 전달받는다. 이는 성경의 내러티브

> 처음부터 "이스라엘 이야기 속에 잠재된 약속이 어떻게 성취되어야 하는가" 하는 문제가 논의의 중심에 놓이며, 이를 통해 이 내러티브의 전개 방향에 관한 독자의 기대감이 고조된다.

에서 자주 나타나는 특징이다(욥기 1장과 비교해 보라). 마리아와 마찬가지로, 우리는 당시에 펼쳐지고 있던 이 획기적인 사건들을 헤아려 보도록 초청된다. 1:66에서는 요한의 탄생 배경을 전해 들은 모든 이들이 그 일을 "마음에 두[었다]"는 것을 읽게 되며, 또 2:19에서는 마리아가 "이 모든 말을 마음에 새기어 생각[했다]"는 말을 듣는다(2:51도 보라). 이같이 '생각'하는 것은 경건한 묵상의 핵심이며, 이 지점에서 누가는 독자들 역시 마음의 속도를 늦추고, 깊이 생각하고, 이 사건들 속에 직접 들어가서 묵상하면서 살도록 초청한다.

C. 사역을 위한 준비: 예수님의 독특한 사역 자격(3:1-4:13)

이 단락에서는 요한과 예수님이 공적인 사역을 시작한 이야기로 건너뛴다. (이 장의 소제목들에 붙은 기호대로) 누가복음의 B, C, D 단락에서는 세 가지 일이 시작되며, 이 일들은 각각 그보다 앞선 일들에 연관되어 있다. B 단락에서는 요한과 예수님의 출생을 살

폈으며, 이 일들은 분명히 하나님이 역사 속에서 행해 오신 일의 절정을 여는 사건으로 표시된다. 이제 C 단락에서는 예수님이 사적인 인물에서 공적인 인물로 전환되는 모습이 나타나고, 이는 또 다른 시작점이 된다. 뒤의 D 단락에서는 예수님이 공적인 사역을 시작하시는 모습을 살필 것이다.

다시 한 번, 하나님이 주인공이다. 3:2에서는 하나님의 말씀이 요한에게 임하면서, 참된 선지자로서 그의 공적인 사역이 개시된다. 여기서 그는 "사가랴의 아들"로 언급되며, 이를 통해 이 시작점은 다시금 B 단락과 연결된다. C 단락에서는 요한과 예수님이 철저히 다른 정체성을 지님을 확증한다. 요한은 이사야 40:3에 언급된 사자로서 주님의 길을 예비하는 반면, 예수님은 장차 임하실 이로서 더욱 강력한 권능을 지니셨다. 여기서 예수님이 받으신 세례는 대단히 중요한 의미를 지닌다. 이는 예수님이 자신을 죄인들과 동일시하면서 물로 세례를 받는 동안, 하나님이 친히 그분을 향해 "너는 내 … 아들"이라고 확증해 주셨기 때문이다. 이 모습을 보면서, 명민한 독자는 예수님이 지닌 아들 됨의 본성이 우리가 기대한 것과는 크게 다르리라는 점을 깨닫게 된다. 이에 관해 그린은 이렇게 지적한다. "따라서 우리는 내러티브의 초점이 처음에는 요한에게, 그리고는 예수님께 머물지만, 그럼에도 이것은 그들에 관한 이야기가 아니라는 점을 되새기게 된다. 이 이야기의 주인공은 바로 하나님이시며, 이 내러티브는 그분의 목적을 중심으로 전개되어 간다."[21]

D. 초기 사역: 예수님의 독특한 능력과 권위 (4:14-9:50)

이 단락은 뚜렷한 내러티브 구조가 나타나지 않으며, 서로 영향을 미치는 복잡한 형태의 본문들로 구성된다. 예수님의 사역에는 가르침과 기적이 다 포함되어 있었으며, 사람들은 그분의 사역에 다양한 반응을 보였다. 이 단락에서는 예수님을 영접한 이들을 향해 제자도의 중요한 가르침을 제시한다. 이 단락은 에피소드 모음집의 성격을 지니기에 때때로 내러티브의 요약이 필요하고, 그런 부분은 4:14-15, 44; 5:15; 7:17; 8:1-3에서 찾아볼 수 있다.

시작점들이 전반적으로 그러하듯이, 4:16-20의 본문에서 제시되는 예수님의 공적인 사역의 출발점 역시 앞으로 진행될 이야기와 연관되는 의미들로 가득하다. 이 본문은 예수님의 모든 사역을 여는 시작점이 되며, 이 복음서의 전체적인 이야기를 요약해서 들려주는 역할을 한다. 누가복음의 구도에서 이 본문의 기능은 마태복음 5-7장의 산상 설교가 지닌 기능에 비견되어 왔다. 여기서 예수님은 자신이 성령의 기름 부음을 받아 자유를 가져오도록 보냄 받은 메시아이며, 이사야서 61장의 그 종임을 분명하게 주장하신

---

21 Green, *The Gospel of Luke*, 160.

다. 흥미롭게도 예수님은 "우리 하나님의 보복의 날"이라는 구절의 바로 앞부분에서 이사야서 낭독을 멈추셨다. 아마도 그 말씀을 듣던 청중이 격분한 것은 바로 그 때문이었을 것이다. 그들은 이스라엘의 현세적인 원수를 멸망시킬 메시아를 바라고 있었기 때문이다.

예수님이 이사야서를 낭독하신 것과 그 구절에서 의도적으로 낭독을 그치신 것은 "과연 이스라엘 이야기는 무엇에 관한 것이며 이방인들은 그 이야기 속에 어떻게 들어맞는가" 하는 문제의 핵심을 꿰뚫는 일이었다. 이때 예수님은 자신이 유대 백성이 기대했던 것과는 근본적으로 다른 메시아임을 암묵적으로 선언하셨던 것이다. 기름 부음 받은 이로서, 예수님은 유대인들과 그들의 대적 모두에게 희년을 선포하실 것이다. 그분이 가져오시는 자유는 유대의 편협한 민족주의를 만족시키기 위한 것이 아니라 온 창조 세계를 위한 것이기 때문이다. 요하네스 니센(Johannes Nissen)의 언급처럼, 이런 방식으로 예수님은 그 회중이 품고 있던 '선택의 윤리학'(ethics of election)에 도전을 제기하셨다.[22] 예수님이 나사렛에서 선언하신 이 강령은 실제로 격렬한 충돌을 야기하며(4:20-

---

[22] Johannes Nissen, *Poverty and Mission: New Testament Perspectives*, IIMO Research Pamphlet 10 (Leiden: Inter-University Institute for Missiological and Ecumenical Research, 1984), 75. 또한 Joachim Jeremias, *Jesus' Promise to the Nations* (London: SCM, 1958), 41-46을 보라.

30), 이는 누가복음의 내러티브가 전개됨에 따라 점점 더 고조될 주제이다. 여기서는 그 대립의 원인이 나타난다. 곧 이때로부터 시작해서, 이스라엘 이야기가 마침내 절정에 이르렀을 때 그것이 지니게 될 참모습에 대한 인식이 점점 더 깊어진다. 데이비드 보쉬(David Bosch)에 따르면, "그러므로 나사렛에서 있었던 일에 관한 이 본문은 뒤에 이어질 예수님의 모든 사역을 위한 배경을 설정한다."[23]

E. 예수님의 독특한 사명: 믿음의 백성 인도하기(9:51-24:53)

9장에서는 예수님이 메시아이심을 베드로가 고백하고(9:18-20), 예수님의 변모를 통해 그 고백이 확증되는 것(9:28-36)을 읽게 된다. 제자들은 대체로 예수님의 메시아 됨이 바로 십자가를 통해 드러난다는 점을 깨닫지 못하는 모습을 보인다(9:43-50).

이 두 번째 주요 단락의 서두에서, 누가는 예수님이 굳은 결심을 품고 예루살렘을 향한 여정을 시작하신 일을 들려준다. 그분의 여정은 누가복음의 나머지 부분에서 그 대부분을 차지한다.

F. 여행 내러티브(9:51-19:27)

누가복음은 긴 여행 내러티브가 그 중간 부분을 지배한다는 점

---

23 Bosch, *Transforming Mission*, 111.

에서 예외적인 특성을 지닌다. 예수님이 그 여정 중에 계심은 이 이야기가 진행되는 동안에 계속 뚜렷이 언급된다. 이 여정의 역사성에 관해서는 논쟁이 있지만, 여기서 문학적인 특성과 역사성이 서로 충돌한다고 여길 이유는 없다. 어느 쪽이 옳든 간에, 이 여정에는 고도의 은유가 담겨 있다. 곧 예수님이 "승천하[시기]" 전에 반드시 거치셔야만 했던 그 여정에는 '순례의 여정'에 있는 제자들을 위한 교훈이 가득 담겨 있기 때문이다. 이 중에는 기도에 관한 가르침도 포함된다.

케네스 베일리(Kenneth E. Bailey)가 지적했듯이, "[이 단락의] 주변부와 중심부에서 예루살렘이 반복적으로 언급되면서, 그곳에 뚜렷한 강조점이 부여되고 있다."[24] 그러나 이 내러티브의 정확한 종결점은 명확하지 않다. 이는 예수님이 "승천하실" 것에 관한 9:51의 언급은 24:51에 가서야 실현되기 때문이다. 다만 예루살렘을 향한 그 여정은 당당하게 예루살렘에 입성하신 예수님이 성전을 정화하시는 모습으로 마무리되는 듯하다. 누가는 예루살렘의 중심적인 위치를 명확히 일깨우며, 예수님이 유월절 무렵에 그곳에 도착하신 것은 우연이 아님을 분명히 한다. 그 후에 이어진

---

[24] Kenneth E. Bailey, *Poet and Peasant: A Literary-Cultural Approach to the Parables in Luke* (Grand Rapids: Eerdmans, 1976), 83. 『중동의 눈으로 본 예수님의 비유』, 이레서원.

사건들 역시 우연이 아니었으며, 오히려 예수님 사역과 이스라엘 이야기가 성취되는 데 핵심적인 중요성을 지닌다.

이 단락의 중심 주제는 예수님을 향한 사람들의 적대적인 반응, 그리고 인자(단 7:13-14)가 고난과 죽음을 겪어야 한다는 강조점(9:22, 44)에 있다. 이 단락은 이스라엘 백성이 예수님을 거부하는 일이 어떻게 일어나게 되었는지를 설명한다. 사마리아인들은 예수님이 예루살렘을 향해 가셨기 때문에 그분을 거부했으며(9:51-55), 어떤 이들은 예수님을 귀신 들린 자로 몰았다(11:14-23). 예수님이 서기관과 바리새인들을 비판하면서 그 반대는 더욱 거세졌고(11:37-54), 예수님은 자신이 심각한 분쟁을 가져오게 될 것을 설명하셨다(12:49-53). 또 예수님은 헤롯이 그분을 죽이려 한다는 말을 들으셨지만, 선지자가 예루살렘 바깥에서 죽임을 당하는 것은 불가능한 일이라고 주장하셨다(13:31-35). 끝으로, 당당하게 예루살렘에 입성하신 예수님이 성전을 정화하신 일은 위험한 적개심을 불러일으켰으며, 이에 대제사장과 서기관들을 비롯한 종교 지도자들은 그분을 죽일 방법을 찾기 시작했다(19:45-48).

사람들의 반대를 불러일으킨 것은 본질적으로 예수님이 가르치고 행하신 일들이었다. 이런 측면에서 삭개오의 이야기는 교훈적이다(19:1-10). 사람들은 예수님이 삭개오의 환대를 받으신 것을 비난했지만, 예수님은 "인자가 온 것은 잃어버린 자를 찾아 구원하려 함이니라"라고 주장하신다(19:10).

우리는 이 단락에서 기도에 관한 예수님의 가르침을 접하게 된다(10:38-11:13; 18:1-14). 그리고 예수님에 대한 사람들의 반대가 점점 커져 가는 상황에 비추어 볼 때, 이 주제에 관한 그분의 가르침에서 인내가 중요하게 강조되는 것은 이상한 일이 아니다.

G. 예루살렘에 입성하신 예수님(19:28-23:56)

20:1과 21:37-38은 인클루지오 구조를 이루며, 이것은 서두의 절과 마지막 절을 통해 하나로 묶이는 일관성 있는 단락이다. 이 경우에 그 구조의 중심에는 예수님이 성전에서 행하신 지속적인 가르침이 있다. 만일 예수님이 이 중대한 시점에 예루살렘을 향해 가시는 일이 왜 그리 중요했는지 묻는다면, 우리는 그분의 아버지가 거하시는 이 집에서 답을 찾을 수 있다. 이에 관해 그린은 이렇게 설명한다. "이 서사적인 단락에 담긴 추론은, 이 세상의 질서를 확립하고 사회적인 삶을 결합시키는 거룩한 구심점으로서 성전이 지닌 본질적인 중요성에 대한 공통의 이해를 토대로 삼아 이루어진다."[25] 대제사장과 서기관들은 사안의 핵심에 있는 권위의 문제를 제대로 파악한다(20:2). 곧 성전은 대우주인 이 창조 세계를 대표하는 하나의 소우주이다. (누가복음의 중심 주제인) 구원이 나타나

---

25 Green, *The Gospel of Luke*, 697.

야 할 장소가 있다면, 그곳은 바로 하나님이 자신의 백성 한가운데 거하시는 이 성전이다.

사악한 소작인들의 비유 역시 바로 이 단락에서 언급된다(20:9-19). 이 비유가 얼마나 문제의 핵심을 꿰뚫는 것이었을지, 이때의 정황에서 그 가르침이 얼마나 도발적인 것이었을지를 헤아리기는 어렵지 않다. 이런 점들은 성전이 파괴되리라는 예수님의 예언에 관해서도 마찬가지이다(21:5-6).

갈등의 주제는 22:1-23:56에서 실제적으로 절정에 이른다. 무교절과 유월절은 이스라엘의 정체성이 담긴 드라마를 재연하는 절기이며, 따라서 이 일들이 그 시기에 벌어졌다는 점은 깊은 의미가 있다. 이스라엘의 정체성에 관한 질문은 예수님이 행하신 사역의 핵심에 놓여 있으며, 그분의 사역이 그런 반발을 불러일으킨 것도 바로 그 때문이었다. 이 단락에서 일반 백성들은 예수님과 그분의 반대자들 사이에서 완충제 역할을 하지만, 그런 그들의 역할에는 빈틈이 많았다. 반대의 강도가 커져 감에 따라 그 틈은 더욱 커진다. 여기서 유월절에 성찬이 제정된 일에는 상징적인 의미가 담겨 있으며, 임박한 자신의 십자가 죽음은 우연한 것이 아니라 "작정된 대로" 이루어지는 일이라는 예수님의 선언 역

> (누가복음의 중심 주제인) 구원이 나타나야 할 장소가 있다면, 그곳은 바로 하나님이 자신의 백성 한가운데 거하시는 이 성전이다.

시 마찬가지이다(22:22). 누가는 유대인들이 예수님을 반대한 일을 비극적인 모습으로 묘사한다(다만 모두가 그분을 반대한 것은 아니었다[23:50-56]). 이때에는 '해석의 전쟁'이 벌어지고 있었다. 전혀 그럴 가능성이 없어 보였던 이들은 예수님이 누구이신지를 깨달았던 반면, 정작 유대의 종교 지도자들은 대부분 그분을 배척했다.

H. 부활과 승천(24:1-53)

24장에서는 부활하신 예수님이 제자들에게 나타나신 일, 또 그들에게 (사도행전의 주된 주제인) 증인의 임무를 맡기시고 승천하신 일에 관한 이야기가 생생히 묘사된다. 앞서 가브리엘은 마리아에게 예수님이 다윗의 보좌에 앉으실 것을 알렸으며, 또 여행 내러티브가 시작될 때는 예수님이 "승천하[시게]"되리라는 점이 언급된 바 있다. 이제 누가복음의 절정인 이 단락에서는 예수님이 온 우주의 주님으로 즉위하시면서, 마침내 그 예언들이 이루어진다. 이와 동시에 누가복음 24장과 사도행전 1장은 예수님의 이야기에서 증인들의 이야기로 이어지는 전환점이 된다.

이것은 실로 강력한 이야기이다. 그린은 누가의 내러티브에 담긴 주제를 다음과 같이 파악한다.

> 누가의 내러티브는 줄곧 구원이라는 하나의 포괄적이며 조직적

인 주제에 관심을 집중한다. 구원은 그저 천상의 세계나 미래에만 속한 것이 아니라 현재의 삶을 아우르는 것이다. 구원은 인간의 삶을 온전히 회복하고, 사람들의 공동체를 소생시키며, 우주의 질서를 확립하고, 그들 내부에서뿐 아니라 점점 더 범위가 확장되는 타인들의 무리를 향해서도 하나님의 은혜를 나눌 임무를 그분께 속한 백성들에게 부여한다. 이 세 번째 복음서의 기록자는 때로 제기되는 사회적인 영역과 영적인 영역, 또는 개인과 공동체 사이의 이분법을 전혀 의식하지 않는다. 구원은 구체적인 삶의 전 영역을 포괄하며, 그 속에는 사회적인 관심사와 함께 경제적인 관심사, 정치적인 관심사도 포함된다. 누가에게 이스라엘의 하나님은 위대한 시혜자이시며, 그분이 품은 구속의 목적은 예수님의 사역을 통해 분명히 드러난다. 예수님이 전하신 메시지는 곧 하나님의 은혜가 우리로 하여금 이 세상을 새로운 방식으로 살아가도록 격려하며 또한 그렇게 할 힘을 실제로 준다는 것이다.[26]

---

26 Green, *The Gospel of Luke*, 24-25.

| 읽 어 볼 글 들 |

- 시간이 있다면, 누가복음 전체를 한 번 죽 읽어 보라. 그렇지 않을 경우에는 위에 언급된 단락 중 한두 개를 택해서 주의 깊게 읽어 보라.

| 생 각 해 볼 질 문 |

01 당신에게는 누가복음을 예수님에 관한 참된 이야기로 읽는 것이 도움이 되는가? 이에 관한 당신의 생각을 설명해 보라.
_____
_____

02 당신 혼자서나 또는 그룹을 지어, 누가가 서술하는 주된 사건들을 살피면서 그가 기록한 예수님의 이야기 가운데서 중요한 부분들을 다른 말로 바꾸어 표현하는 일을 시도해 보라. 성경을 활용하면서 이 작업을 수행하기 바란다.
_____
_____

03 당신 자신을 누가가 전하는 예수님 이야기를 듣고 있는 1세기 이방인으로 상상해 보라. 그렇다면 무엇이 두드러진 특징으로 여겨지겠는가?
_____
_____

3장

예수님의 삶과 사역의 중심인 기도

 그 이야기를 이미 듣고 접하면서 자라난 이들은 이 점을 분별하거나 파악하기가 어려울 수 있겠지만, 사실 누가가 일깨운 비전은 엄청난 것이다. 이제 구원은 누구든지 얻을 수 있는 것이 되었으며, 제자들은 '미시오 데이'(*missio Dei*), 곧 하나님이 행하시는 선교 운동의 중심에 서도록 부르심을 받는다. 그런데 우리는 어떻게 하나님의 선교에 효과적으로 동참하는 삶을 살아갈 수 있을까? 누가의 대답은 주로 **기도를 통해** 그렇게 할 수 있다는 것이다. 실로 누가가 '기도의 복음서를 쓴 이'로 지칭되어 온 것은 적절한 일이다.[27] 누가복음에서 예수님이 사역하시는 동안에 **일곱 번의** 중

---

27 이 표현은 아마도 사맹(P. Samain)이 만들어 낸 것으로 보인다. L. Daniel Chrupcala, *Everyone Will See the Salvation of God: Studies in Lukan*

> 성경에서 일곱이라는 숫자는 완전함과 충만함을 상징하고, 누가는 예수님을 기도의 모범으로 제시한다.

대한 시점을 맞아 기도하셨던 일을 언급하는 것은 우연이 아니다(3:21; 5:16; 6:12; 9:18; 9:28-29; 11:1; 22:41). 우리는 이 중 마지막 경우에서만 다른 복음서에서 병행 구절을 찾아볼 수 있다(마 26:39; 막 14:35). 성경에서 일곱이라는 숫자는 완전함과 충만함을 상징하고, 누가는 예수님을 기도의 모범으로 제시한다.

그러므로 누가복음은 기도를 특별히 강조한다. 이는 누가가 다른 복음서에 묘사된 것과는 다른 모습의 예수님을 제시한다는 말이 아니다. 오히려 그는 우리에게 예수님의 삶과 공적인 사역에서 기도가 지녔던 위치를 주의 깊게 펼쳐 보이고 있다는 뜻이다. (마태, 마가, 누가의) 세 공관복음서는 모두 예수님이 공적인 사역을 행하시다가 기도하러 한적한 곳으로 물러가시곤 했던 모습을 언급한다(5:16; 마 14:23; 막 1:35). 하지만 누가는 거듭해서 다른 복음서들과는 다른 방식으로 기도를 전면에 배치한다. 실로 누가복음에는 기도가 깊이 스며들어 있다.

누가는 사가랴가 분향하러 지성소에 들어갔을 때, "모든 백성은 … 밖에서 기도하[고]" 있었다고 기록한다(1:10). 이처럼 성전

Theology, Studium Biblicum Franciscanum 83 (Milano: Edizioni Terra Santa, 2015), 201을 보라.

에서 기도와 예배가 진행될 때, 한 천사가 사가랴에게 나타나 지시한다. "사가랴여 무서워하지 말라 너의 간구함이 들린지라 네 아내 엘리사벳이 네게 아들을 낳아 주리니 그 이름을 요한이라 하라"(1:13). 1:46-55에서는 마리아의 찬가가 이어진다. 이 노래는 구약의 어휘들로 가득 찬 위대한 찬미의 기도로서, 이를 통해 마리아는 주님이 지금 행하시는 일을 송축한다. 사가랴의 노래에는 찬미와 예언이 결합되어 있으며, 그 역시 구약의 표현들을 활용해서 그 백성이 오랫동안 간직해 온 약속을 마침내 성취하신 주님을 찬양한다.

아마 시므온의 기도는 많은 이들에게 친숙하게 다가올 것이다(2:29-32). 누가는 시므온을 기도의 사람으로 묘사한다. 그는 "의롭고 경건[한]" 인물로서 하나님이 베푸실 위로를 "기다리는" 이였으며(이는 기도의 중요한 특성이다), "성령이 그 위에" 함께하셨다. 앞서 하나님은 그가 메시아를 보기 전에는 죽지 않을 것임을 계시해 주셨다. 그리고 그는 성령님의 인도하심에 따라, 요셉과 마리아가 예수님을 성전에 데려온 바로 그때 그곳에 머문다. 시므온은 예수님을 팔에 안고 하나님을 찬미한다. 또 누가는 나이 든 여선지자 안나가 "성전을 떠나지 아니하고 주야로 금식하며 기도함으로 섬기더니"라고 기록한다(2:37). 아마 우리는 그녀를 명상에 집중하는 수녀에 비유할 수 있을 것이다. 이 거룩한 가족을 만난 안나는 먼저 "하나님께 감사하고" 난 뒤, 그곳에 모인 이들을 향해 그 아기에 관한 일을 이야기한다(2:36-38).

예수님이 메시아로 인정된 이 초기의 일들이 **성전에서** 이루어진 것은 우연이 아니다. 성전은 하나님이 그분의 백성 중에 거하시는 장소였으며, 따라서 유대인들의 세계에서는 중심과도 같은 곳을 상징했다. 이 앞부분의 장들에서 우리는 성전이 그 계획된 의도대로 예배와 기도의 장소로 쓰이는 모습을 본다. 소년 시절의 예수님은 이 성전을 "내 아버지 집"으로 부르셨다(2:49). 앞서 보았듯이, 누가복음의 독특성은 성전이 있는 도시 예루살렘을 향한 예수님의 긴 여정이 그 속에 담겨 있다는 데 있다. 19:41-42는 예루살렘에 가까이 오신 예수님이 그 도시를 보고 우셨다고 말씀한다. 이는 그 복된 날에 정작 예루살렘은 자신들에게 평화를 가져다주실 그분을 미처 알아보지 못했기 때문이다.

그리고 예수님이 신성한 경내에서 물건을 파는 이들을 내쫓으시면서, 그 무지함에 관한 이야기의 초점은 곧 성전에 집중된다. 19:46은 두 개의 구약 본문, 즉 이사야 56:7과 예레미야 7장의 내용을 암시한다. 예수님이 종교 지도자들을 비난하시는 죄목은 그들이 성전을 원래의 의도와는 다른 장소로 변형시켰으며, 이에 따라 "기도하는 집"이어야 할 그곳을 "강도의 소굴"로 몰락시켜 버렸다는 것이다(19:45-46). 이 중 후자의 구절은 예레미야가 성전

문 바깥에서, 예배하러 나아오는 이스라엘 백성을 향해 선포한 강력한 설교에서 인용한 것이다(렘 7:1-11). 예레미야 7:11에서 여호와 하나님은 이렇게 따져 물으셨다. "내 이름으로 일컬음을 받는 이 집이 너희 눈에는 도둑의 소굴로 보이느냐." 그리고 "기도하는 집"이라는 구절은 이사야 56:7에서 인용된 것이며, 이는 여호와 하나님이 그분의 뜻을 선포하시는 아름다운 본문의 일부이다. 이 본문에서 하나님은 이스라엘을 선교적인 백성으로 삼으실 뿐 아니라 이방인들 역시 성전으로 인도하여 그분을 예배하게 하시려는 뜻을 드러내신다. "이는 내 집은 만민이 기도하는 집이라 일컬음이 될 것임이라."

신약에서 '성전'은 교회를 나타내는 주된 은유이다(예를 들어, 벧전 2:4-10). 예수님이 성전을 정화하신 일(19:45)은 그분이 새로운 성전을 짓고 계심을 나타내는 예언적인 표지였다. 베드로의 표현처럼, 우리는 신령한 집(또는 성전)의 일부로 지음을 받은 살아 있는 돌들이다. 여기에는 이를 통해 우리가 거룩한 제사장이 되어, 예수 그리스도를 통해 하나님께 영적인 제사를 드리게끔 하시려는 뜻이 담겨 있다. 그러므로 우리는 택하신 족속이요 왕 같은 제사장들이며, 거룩한 나라이자 하나님의 소유가 된 백성이다. 이제 우리는 하나님을 높이 찬양할 수 있다. 전에는 우리가 하나님의 백성이 아니었지만, 이제는 하나님께 속한 백성이기 때문이다. 우리가 성전이 된다는 것은 그 친교에 참여한다는 것, 곧 하나님의 생명 그 자체에 참여한다는 뜻이다! 이 사실이 우리에게 적용된다면, 하나님으로 충만하게 된 우리 역시 기도의 집으로 불릴 수 있다.

마태와 마가는 예수님이 요한에게 세례를 받으실 때, 하늘이 열리고 성령님이 강림하신 일과 하늘에서 음성이 들린 일을 기록했다. 누가는 이 모든 것을 포함할 뿐 아니라, 예수님이 기도하신 일까지 언급한다(3:21-22). 곧 예수님이 기도하신 바로 그 순간에 하늘이 열리면서 성령님이 비둘기의 모습으로 임하셨고, 성부께서 높은 곳에서 말씀하셨던 것이다. 이처럼 예수님이 세례를 받으실 때 하늘이 열리게끔 만든 것은 바로 그분의 기도였으며, 기도는 하나님이 이 세상을 경영해 가시는 데에도 핵심 방편이었다. 누가복음에서 예수님이 세례 받으신 이야기는 그분 계보(3:23-38)의 바로 앞부분에 기록되어 있다. 성부 하나님은 이 세례를 통해 예수님이 그분의 "사랑하는 아들"임을 선포하시고, 바로 이어지는 계보에서 예수님의 조상은 "하나님의 아들인 아담"[28]에게까지 거슬러 올라간다. 물론 예수님의 아들 됨 자체는 인간적인 수준을 훨씬 넘어선다. 하지만 그 신적인 아들 됨이 그분의 인성을 통해

---

28 역주: 3:38에서 인용한 이 구절은 NIV의 "Adam, the son of God."을 옮긴 것이다. 개역개정판은 "아담이요 그 위는 하나님이시니라"로 번역했다.

서 두 번째 아담으로 드러난다. 그러면 이렇게 신적인 아버지 됨과 아들 됨을 탐구하면서, 우리도 하나님의 목적과 계획을 더 깊이 깨달을 수 있을까? 그리하여 우리도 하늘이 열리고 성령님이 우리 위에 임하시며, 성부께서 우리를 그분의 사랑하는 자녀로 선포하시는 음성을 들을 수 있을까? 이런 질문들에 대한 누가의 답은 분명하다. 곧 그 일들은 우리가 기도할 때에만 이루어진다는 것이다!

마태와 마가는 예수님이 열두 제자를 부르시고 파송하시면서, 그들에게 악한 영을 내쫓고 병든 자를 고칠 권세를 주신 일을 들려준다. 이 열두 제자 가운데는 "예수를 파는 자 될" 가룟 유다도 포함되어 있다(6:16). 그런데 누가는 예수님이 이 열두 제자를 부르신 일을 기록하면서 기도를 두 차례 언급한다. "이때에 예수께서 기도하시러 산으로 가사 밤이 새도록 하나님께 기도하시고 밝으매 그 제자들을 부르사 그 중에서 열둘을 택하여 사도라 칭하셨으니"(6:12-13). 그러므로 누가는 예수님이 자신을 배신할 유다를 제자로 선택하신 일이 그분의 실수가 아님을 일깨워 준다. 하나님께 속한 새 백성의 기초를 놓을 나머지 열한 제자를 선택하신 일 역시 마찬가지다. 예수님의 사역은 처음부터 기도에 토대를 두고 그 가운데서 진행되었으며, 이는 그 사역이 이후 사도들을 통해 지속될 때에도 마찬가지였다.

> 예수님의 사역은 처음부터 기도에 토대를 두고 그 가운데서 진행되었으며, 이는 그 사역이 이후 사도들을 통해 지속될 때에도 마찬가지였다.

베드로의 신앙고백(9:18-20)에 관해서도 마태, 마가와 누가 사이에 이 같은 차이점을 찾아볼 수 있다. 이 고백은 세 공관복음서 모두에서 전환점이 되는 부분이다. 그런데 이 중 오직 누가만이 예수님이 자신의 정체성에 관한 질문을 제자들에게 던지기 전에 "따로 기도하[셨음]"을 언급한다. 이때 베드로는 그분이 "하나님의 그리스도"이심을 고백한다(9:20). 9장에서 예수님은 자신이 고난받아야만 한다는 것을 계속해서 제자들에게 가르치시며, 그 후에는 그분이 변화되신 이야기가 이어진다(9:28-36). 이때 예수님은 제자들을 데리고 기도하러 산에 오르셨으며, 그분이 기도하실 때에 베드로와 야고보와 요한은 그분의 참된 지위를 알게 되었다. 곧 예수님은 하나님의 아들로서 율법(모세)과 선지자(엘리야)를 성취하는 분이셨던 것이다. 예수님이 모세, 엘리야와 함께 나눈 대화를 기록한 구절에서는, 암시적인 의미를 지닌 그리스어 단어 ἔξοδος('엑소더스')를 써서 그분이 세상을 떠나실 것을 묘사한다.[29] 이때 베드로는 자신이 본 광경에 너무나 압도된 나머지 모세와 엘리야와 예수님을 위해 세 개의 초막을 짓겠다

---

29 역주: 이 단어는 '출애굽'을 뜻하는 것과 동일한 단어이며, 개역개정판에는 "별세"로 번역되었다.

고 청한다. 하지만 이를 통해 그는 자신이 예수님의 사명에 담긴 의미를 완전히 놓치고 있음을 무심코 드러낸다. 예수님은 온 창조 세계를 죄와 심판에서의 '출애굽'으로 인도하는 자신의 사명을 완수하기 위해 그 산에서 내려오셔야만 했기 때문이다. 예수님은 기도하기 위해 산에 오르셨지만, 베드로와 야고보와 요한은 졸음에 빠진 나머지 예수님이 변화되신 모습을 놓칠 뻔했다(9:32). 기도를 마치신 예수님은 모세, 엘리야와 함께 자신의 '별세'에 관해 말씀을 나누셨다. 그리고 성부 하나님이 예수님을 "나의 아들"로 부르시면서 예수님 말씀에 귀 기울일 것을 명하심으로써, 베드로의 빗나간 요청이 중단된다. 누가복음의 여러 다른 본문에서처럼 여기서도 기도는 예수님의 참모습이 제자들에게 드러나는 배경이 되고, 또 그 드러남을 촉진한다.

누가복음은 분명히 기도에 주된 강조점을 부여하며, 여기서 기도는 예수님의 삶과 사역의 중심으로 여겨진다. 마태복음 6장에서는 주기도문이 산상 설교의 일부분이지만 누가복음 11장에서는 그와 다른 문맥에서 언급된다는 점은 교훈적이다. 유대인인 제자들은 기도하는 법을 어린 시절부터 전수받았을 것이다. 하지만 그들은 예수님의 기도 생활에 무언가 확실히 다른 점이 있음을 알아차린다(11:1을 보라). 예수님이 기도하시는 모습을 보면서, 그들은 자신들이 제대로 기도하는 법을 전혀 모른다는 것을 깨닫고 예수님께 요청한다. "주여 요한이 자기 제자들에게 기도를 가르친 것과 같이 우리에게도 가르쳐 주옵소서." 우리는 요한이 자기 제자들에게 기도하는 법을 어떻게 가르쳤는지 전혀 알지 못한다. 하지만 예수님은 그분의 제자들에게 주기도를 가르치셨으며, 끈기 있게 기도해야 한다는 교훈을 주셨다. (11:2-13; 18:1-6도 보라. 또 기도의 은밀함에 관해서는 20:47을, 깨어서 기도할 것에 관해서는 21:36을, 기도와 실패에 관해서는 22:32을, 기도와 유혹에 관해서는 22:40, 46을, 기도와 고난에 관해서는 22:41-44을 보라.)

예수님이 세례를 받으실 때 성부 하나님은 이렇게 선포하셨다. "너는 내 사랑하는 아들이라 내가 너를 기뻐하노라"(3:22). 예수님이 변화되셨을 때 성부께서는 다시 이렇게 선언하셨다. "이는 나의 아들[이라]." 그리고 성자이신 예수님은 죽음을 맞으실 때 이렇게 부르짖으셨다. "아버지 내 영혼을 아버지 손에 부탁하나이다"(23:46). 그리고 이 중대한 순간들 사이사이에 예수님은 제자들에게 그분의 아버지이신 하나님을 그들 자신의 아버지로 부르도록 가르치셨으며, 하나님의 신실한 자녀가 되는 데에 얼마나 큰 희생이 따르는지를 친히 말과 모범으로 알려 주셨다. 그러므로 톰 라이트는 이렇게 지적한다.

> 주기도는 명령이라기보다는 하나의 초청이다. 곧 예수님 자신의

기도 생활에 동참하라는 초청이다. 기독교적인 관점, 특히 삼위일체적인 관점에서 살필 때, 주기도는 곧 하나님의 생명에 참여하라는 초청이 된다. 그리고 이 기도는 기독교적인 구원과 실존의 핵심적인 신비로 들어가는 하나의 주된 통로가 된다. 곧 세례받고 믿음을 지닌 그리스도인은 (1) 삼위일체 하나님의 내적인 생명에 결합되며, (2) 자신에게 그 일이 이루어졌음을 그저 믿기만 할 뿐 아니라 그 일을 실제로 체험하게 된다.[30]

누가복음에서 예수님이 가르치신 주기도는 그분이 변화되신 일이 있은 후 얼마 되지 않았을 때, 그리고 칠십 인의 제자들에게 임무를 맡기신 뒤에 곧바로 언급된다. 라이트가 언급하듯이, "하나님 나라가 이스라엘과 세상의 이야기 속에 침투하고 있다는 예수님의 선포가 그 기도의 모든 항목에서 생생히 울려 퍼진다. 이제는 하나님이 오랫동안 약속해 오신 새 세상이 열리고, 사람들은 그 세상을 함께 누리도록 부르심을 받는다."[31] 그는 구약에 나타난 출애굽의 주제를 배경으로 삼아 주기도를 해석하고, 이 기도에는 예수님 자신의 사명과 부르심이 구체적으로 표현되어 있음을

---

30 N. T. Wright, "The Lord's Prayer as a Paradigm for Christian Prayer," in *Into God's Presence: Prayer in the New Testament*, ed. Richard N. Longenecker (Grand Rapids: Eerdmans, 2002), Kindle edition, loc. 1754.
31 Wright, "The Lord's Prayer," loc. 1763-1764.

적절히 지적한다. 그러므로 이 기도는 예수님의 제자들을 일종의 형성 과정으로 초청한다. 곧 그 나라를 위해 기도하는 일에 그분의 동역자들이 되게끔 이끄는 것이다. 예수님 자신은 죄를 용서받기 위해 기도할 필요가 없었지만, 이 기도는 그분의 제자들을 그분의 사명에 결속시키는 것이었다(24:47을 보라). 라이트는 다시 이렇게 언급한다.

> 예수님이 그 기도를 가르치신 이유는 제자들을 참된 출애굽 백성으로 삼으시기 위함이었다. 그들은 특히 기도를 통해, 원래의 광야 세대가 실패했던 그 지점에서 성공을 거두어야 했다. 이 기도는 하나님과 제자들 사이의 관계를 아뢰는 것으로 시작되며, 그분의 이름을 높이고 그분의 뜻을 행하는 일을 거쳐 우리 육신의 필요를 공급해 주시고 악에서 건져 주시기를 구하는 것으로 이어진다. 더 나아가 이 기도는 출애굽 내러티브 속에서 십계명이 지녔던 것과 얼마간 동일한 형태를 지니며, 새로운 종말론적인 시기 가운데서 십계명과 얼마간 동일한 역할을 감당한다. 따라서 교회에게 주기도는 이스라엘 백성에게 십계명이 지녔던 것과 같은 의미를 지닌다고 볼 수 있다. 곧 그것은 그저 지켜 행해야만 할 무언가가 아니며, 다소 임의적인 삶의 규칙도 아니다. 그것은 바로 새 언약에 속한 헌장의 핵심인 것이다.[32]

---

32 Wright, "The Lord's Prayer," loc. 1953-1957. 독자들은 주기도에 관해 쓰인 방대한 문헌이 있음을 기억해야 한다.

라이트는 우리의 개인적인 기도뿐 아니라 전례를 따르는 공적인 예배 역시 주기도를 좇아 형성되어야 함을 통찰력 있게 지적한다. 누가복음에서 언급되는 성전의 역할을 살필 때, 우리는 예수님이 정해진 방식대로 진행되는 공동의 예배와 기도에 참여하셨음을 보게 된다. 다만 이 책은 예수님이 개인적으로 실천하신 기도에 초점을 두고 있으며, 이 책의 혁신적인 특징은 바로 그 점에 있다. 물론 이 두 가지 기도는 서로를 보완해야만 한다.

예수님이 마르다와 마리아를 방문하신 이야기 역시 누가복음에만 독특하게 포함되어 있으며, 이 이야기는 주기도의 바로 앞부분인 10장 끝에 언급된다. 이 이야기에서 마리아는 제자들이 예수님을 어떻게 환대해야 할지에 관해 본을 보여 준다. 이 본문에서는 "주"라는 표현을 네 차례 반복함으로써 예수님의 권위를 드러내며[33], 마리아가 예수님의 발밑에 앉은 것은 복종과 경청을 나타낸다. 그린의 지적처럼, "예수께서 찾으시는 환대는 어수선하고 분주한 집안일을 통해서가 아니라, 그 존재 자체로 하나님의 계획을 드러내시는 이 손님[예수님]에게 집중하는 데서 전형적으로 드러난다."[34] 이 이야기에는 '기도'라는 단어가 나타나지 않지만, 마리

---

33 역주: 개역개정판에서는 세 차례 언급된다.
34 Green, *The Gospel of Luke*, 434.

아를 (명상에 의한) 기도와 결부 지어 온 오랜 전통이 있다.[35] 그러므로 머튼은 이렇게 언급한다.

> 복음서에 무언가 명상하는 삶에 관한 내용이 있는가? 마르다와 마리아 이야기가 지닌 가치는 무엇일까? 내게는 그 본문의 문자적인 의미가 명백해 보이며, 활동보다 명상이 우월하다는 점을 뚜렷이 언급하는 것으로 보인다. 하지만 성 토마스가 직접 입증했으며 예수님의 전 생애가 보여 주듯이, 최상의 기독교적인 삶은 명상의 열매를 다른 이들과 나누는 데 있다.[36]

여기에는 본문에 담겨 있지 않은 의미를 그 속에 투영해서 읽을 위험성이 있다. 하지만 우리가 기도를 "하나님의 말씀을 듣고 자신의 전 존재로써 그 음성에 응답하기 원하는" 태도로 여긴다면,[37] 이 이야기에 기도에 관한 교훈이 담겨 있다고 보는 것은 분명히 적절한 일이다. 아우구스티누스는 이 이야기에 담긴 풍성한 의미를 깨닫고 이렇게 질문을 던졌다. "마리아는 무엇을 즐거워하고 있었던가? 그녀는 무엇을 먹고 있었을까? 내가 이 점을 끈질기게 파고드

---

[35] 그 해석의 역사에 관해서는 Arthur A. Just, *Luke*, Ancient Christian Commentary on Scripture, New Testament III (Downers Grove, IL: InterVarsity Press, 2003), 181-183을 보라. 『교부들의 성경 주해 - 신약 성경 4: 루카 복음서』, 분도출판사.

[36] Thomas Merton, *Contemplative Prayer* (London: DLT, 1969), 347.

[37] Merton, *Contemplative Prayer*, 83.

는 이유는 나 역시 그 일을 즐거워하기 때문이다. 나는 감히, 마리아는 자신이 귀 기울이던 바로 그분을 먹고 있었다고 말하겠다."[38] 이 본문의 문맥은 이런 인상을 확증해 준다. 여기서 마리아가 예수님께 귀를 기울이고 난 뒤, 곧 예수님이 기도로 성부께 귀를 기울이시는 모습을 보이기 때문이다.

누가복음에 독특하게 나타나는 기도에 관한 비유로는 부끄럼 없이 간청하는 이웃의 비유(11:5-8), 소외된 이로서 의지할 데 없는 과부이지만 악한 재판관에게 끈질기게 구하여 마침내 의로운 판결을 얻어 내는 여인의 비유(18:1-8, 이때 재판관의 모습은 예수님 안에서 극명하게 계시되신 하나님과는 전혀 다르다), 그리고 자만심에 빠진 바리새인과 온당하게도 겸손한 태도를 취한 세리의 비유(18:9-14)가 있다. 주기도에 곧바로 이어지는 11:5-13에서는 환대와 끈기, 그리고 성부 하나님의 놀라운 선하심을 상징하는 떡이라는 주제가 중심부를 차지한다.

마태와 마가와 누가는 모두 예수님이 겟세마네 동산에서 기도로 씨름하신 일을 이야기한다. 이 세 복음서 기자는 모두 그 일이 있기 직전에 예수님이 베드로의 배신을 예고하신 일을 언급한다. 하지만 이때 예수님이 베드로에게 주신 보증의 말씀을 기

---

[38] Just, *Luke*, 182를 보라. (역주: 이 말에는 성례전적인 의미가 담긴 것으로 보인다.)

록한 것은 누가뿐이다. "그러나 내가 너를 위하여 네 믿음이 떨어지지 않기를 기도하였노니 너는 돌이킨 후에 네 형제를 굳게 하라"(22:32). 쇠렌 키르케고르(Søren Kierkegaard)의 언급처럼, 여기서 기도는 예수님의 큰 사랑을 드러내는 표지 역할을 한다. 예수님은 베드로가 변화되기를 요구하지 않으셨다. 예수님은 이 제자를 그저 있는 모습 그대로 사랑하셨으며, 베드로는 그 사랑을 통해 더 나은 사람이 될 힘을 얻었다.[39]

끝으로 마태와 마가는 십자가에 달리신 예수님이 버림받은 고통으로 부르짖으신 것을 기록한다. 이때 예수님은 고난 가운데서도 위대한 소망을 노래하는 시편 22편의 첫 구절을 인용하셨다. 마태와 마가는 예수님이 숨을 거두실 때 크게 소리를 지르셨다고 언급하지만, 오직 누가만이 그분의 이 마지막 음성은 바로 기도였음을 기록한다. "아버지 내 영혼을 아버지 손에 부탁하나이다"(23:46, 이는 시 31:5-6의 인용문이다).[40] 그리고 역시 누가만이 예수님이 앞서 드린 놀라운 중보 기도를 기록한다. "아버지 저들을 사하여 주옵소서 자기들이 하는 것을 알지 못함이니이다"(23:34). 제

---

39 Søren Kierkegaard, *Works of Love,* trans. Howard and Edna Hong (New York: Harper Perennial, 1962), 169. 『사랑의 역사』, 치우.
40 이 점에 관해서는 특히 D. Hamm, "The Tamid Service in Luke-Acts: The Cultic Background behind Luke's Theology of Worship (Luke 1:5-25; 18:9-14; 24:50-53; Acts 3:1; 10:3, 30)," in *Catholic Biblical Quarterly* 65 (2003): 215-231을 보라.

자들에게 원수들을 위해서까지 기도할 것을 말과 본보기로 가르치셨던 그분은 (다시금 누가의 글에만 기록된 것처럼) 자신을 십자가에 못 박은 자들을 위해 친히 그렇게 행하셨다.

마침내 누가복음은 기도로 끝이 난다. 여기서 우리는 기쁨에 차서 예루살렘으로 돌아가는 제자들의 무리를 만난다. 그들은 사가랴가 말을 할 수 없게 되었던 바로 그 성전에서 하나님을 늘 찬송하기 위해 그곳으로 향했던 것이다. 하지만 그들은 먼저 부활하신 그리스도께 축복을 받아야 했다(24:50-53). 누가에게 복음은 하나님이 그분의 백성 가운데 임하시는 일에 관한 이야기이며, 또 하나님의 백성이 그분의 임재에 마음을 쏟는 일에 관한 이야기이다. 장 바니에(Jean Vanier)는 요한복음 1장에 관해 이렇게 언급한다. "어느 한 시점에 '로고스'가 친히 육신을 입고 인간의 역사 속으로 들어오셨다. 이는 바로 하나님의 생명이 있는 이 교제 속으로 우리 모두를 이끌어 들이기 위함이다."[41] 예수님의 삶은 성부 하나님과의 깊은 교제에 중심을 두고 있었으며, 그분의 모든 사역은 이 교제에서 흘러나오는 것이었다. 실로 예수님의 목적은 우리를 하나님과의 친교 속으로 인도하는 것이다.

---

41 Jean Vanier, *Drawn into the Mystery of Jesus through the Gospel of John* (Ottawa, ON: Novalis, 2004), 17. 『요한복음 묵상』, 겨자씨.

| 읽어 볼 글들 |

● 위에서 언급한, 누가가 예수님의 기도 생활을 강조한 단락들을 죽 읽어 보라.

| 생각해 볼 질문 |

01 누가가 그의 복음서를 어떻게 시작하고 끝맺는지 숙고해 보라. 그 시작과 끝부분에서 기도는 어떤 역할을 하는가? 이 두 부분에서 그 역할은 어떻게 다른가?

_____
_____
_____
_____

02 위에서 논한 사건들 중 하나를 생각해 보라. 예수님이 그 사건에 관련해서 기도하셨음을 누가가 일깨워 주는 이유는 무엇일까? 제자로서 우리는 이 점을 통해 무엇을 배울 수 있는가?

_____
_____
_____
_____

4장

누가복음 안에서의 기도와 구속 사역

지금까지 우리는 누가의 관점에서 서술한 예수님의 이야기를 해석해 왔다. 특히 기도에 관한 누가복음의 여러 언급을 자세히 살폈다. 이제 우리는 이 둘 사이의 관계를 탐구할 필요가 있다. 누가의 기도 신학을 파악하기 위해, 우리는 그가 들려주는 원대한 이야기를 배경 삼아 기도에 관한 그의 논의를 헤아려 보아야 한다.

하나님의 경륜
신학자들은 종종 예수님이 그 정점이 되시는 원대한 이야기를 '하나님의 경륜'(divine economy)이라고 부른다. 여기서 '경륜'은 이 세상을 향한 하나님의 계획과, 또한 하나님이 세우신 목표를 향해 이 세상을 이끌어 가

> 시는 방식을 가리킨다.[42] 누가복음에 나타난 예수님과 기도의 관계에 초점을 맞출 때, 우리는 이 신적인 경륜이 처음부터 끝까지 관계 지향적인 것임을 깨닫는다. 곧 그 경륜은 본질적으로 삼위일체적이다. 우리가 혹시라도 하나님의 주권과 섭리를 기계적으로 이해하려는 위험에 빠질 때, 누가복음은 우리를 자극하여 그런 견해를 거부하게 한다.

기도는 하나님과의 관계를 드러내는 심오한 표현이며, 특히 예수님의 경우에는 성경의 하나님이 지니고 계신 상호 인격적인 본성을 나타내는 표현이 된다. 신비하게도 하나님은 **그분 안에** 상호 인격적인 본성을 지니시며, 누가복음에서는 성부 하나님과 예수님과 성령님 사이의 깊은 상호 관계를 통해 성경의 드라마가 그 절정에 이른다. 우리는 예수님이 자신의 공적인 사역을 행하시는 가운데서 중대한 시점에 이를 때마다, 성령님을 통해 성부 하나님과 깊이 교제하면서 기도하시는 모습을 발견한다. 곧 그분의 기도를 통해, 이 위대한 드라마가 그 절정을 향해 나아가는 길이 마련된다. 예수님이 세례를 받으실 때 기도하시자 하늘이 열렸으며, 이를 통해 성부 하나님은 성자가 죄인들을 위해 십자가로 나아가시는 그 여정이 옳음을 확증해 주셨다. 또 예수님은 열두 제자를 택하기 전에 밤새 기도하셨으며, 그중 열한 명은 누가복음의 후속

---

42 Paul Blowers, *Drama of the Divine Economy: Creator and Creation in Early Christian Theology and Piety* (Oxford: Oxford University Press, 2012)를 보라.

편인 사도행전에 가서 이루어질, 하나님께 속한 새 백성의 토대를 이룬다. 그리고 예수님이 산에 올라 기도하실 때 그분의 모습이 변화되

> 누가복음에 담긴 의미 깊은 통찰은 기도를 통해 예수님의 참모습이 알려진다는 것이다. 이 일은 먼저 예수님 자신의 기도를 통해, 둘째로는 그분께 속한 백성의 기도를 통해 이루어진다.

었으며, 이때 그분은 모세와 엘리야를 만나서 자신이 '별세하게' 될 일을 의논하셨다. 이 구절에 사용된 그리스어 단어는 '출애굽'으로도 번역될 수 있으며, 이는 예수님이 죽으신 목적은 온 창조 세계를 속박에서 해방시켜 자유로 인도하는 데 있었음을 일깨워준다. 예수님은 자신이 고난받을 주간이 이르렀을 때에도 기도하셨으며, 이때에는 하늘에서 온 천사가 그분을 도왔다(22:43). 앞서 보았듯이, 예수님은 심지어 십자가 위에서도 기도하셨다.

그러므로 누가의 내러티브 전체에 걸쳐 이 위대한 구속적 드라마의 절정(날실)은 기도라는 씨실과 엮여 있으며, 그 속에는 성부와 성자와 성령 하나님 사이의 깊은 관계성이 한데 얽혀 있다. 또한 하나님의 경륜은 사람들을 그 속에 참여하도록 초청한다. 누가복음에 담긴 의미 깊은 통찰은 기도를 통해 예수님의 참모습이 알려진다는 것이다. 이 일은 먼저 예수님 자신의 기도를 통해, 둘째로는 그분께 속한 백성의 기도를 통해 이루어진다. 이에 관해 크럼프(D. M. Crump)는 이렇게 언급한다.

누가는 자신이 쓴 복음서의 핵심 부분에서 사람들이 영적인 통찰을 얻게 된 일을 예수님의 기도에 결부시킨다. … (항상 그런 것은 아니더라도) 누가는 예수님을 주로 중보자로 묘사한다. 예수님은 제자들을 위해 기도하심으로써 그들이 성공적이고 순종적인 제자도에 요구되는 모든 일을 성취하도록 도우시며, 그 가운데는 그들이 부르심을 받는 일과 영적인 비추임을 받는 일, 그리고 인내하는 일들이 포함된다. … 사실 영적인 분별력을 얻도록 … 중재하는 것은 바로 예수님의 기도이다.[43]

"지혜롭고 슬기 있는 자들"에게는 감추어졌으나 "어린아이들"에게는 드러난 일에 관해 예수님이 기쁨을 표현하신 말씀(10:21-22)은 곧 감사의 기도를 이룬다.[44] 여기서도 예수님의 참모습이 드러나는 것은 성자를 통해 계시하시는 성부 하나님의 사역에 결부되어 있다.

---

[43] 누가복음 24장에서 예수님은 여행하던 두 제자와 아울러 열한 사도를 비롯한 다른 이들에게 성경을 설명하시고, 그 내용이 모두 그분 안에서 성취됨을 보여 주셨다. 여기서 예수님과 다른 이들의 모습을 언급하는 데 쓰인 표현들에는 중요한 의미가 있다. 예수님이 글로바와 그의 동행, 그리고 아마도 다른 이들과 함께 식탁에 앉으시고 "떡을 가지사 축사하셨을 때(이는 기도를 나타낸다) … 그들의 **눈이 밝아져 그인 줄 알아보"**았다. 또한 D. M. Crump, *Jesus the Intercessor: Prayer and Christology in Luke-Acts* (Grand Rapids: Baker, 1999), 106-108을 보라.

[44] 이 구절을 예수님이 무리에게 던지신 질문(눅 12:56)과 비교해 보라. 예수님은 자신이 그들 중에 머물면서 활동하시는 시기(그 의미와 중요성)를 분별하지 못하는 무리에게 질문을 던지셨다.

앞서 살폈듯이 누가복음의 내러티브는 기도를 통해 하나로 묶인다. 이는 곧 '인클루지오'라고 불리는 문학적 장치이다. 이 이야기는 성전에 있는 제사장 사가랴의 모습으로 시작된다. 백성이 성전 바깥에서 기도하는 동안, 한 천사가 성전 안에 임하여 아이를 갖지 못하는 아내를 위해 드린 사가랴의 기도에 여호와 하나님의 응답을 선포한다. 구속의 내러티브는 하나님의 약속을 믿고 그분의 위대한 드라마 가운데서 각자의 역할을 수행하도록 부름받은 사람들로 가득 차 있으며, 의로운 사가랴와 엘리사벳의 이야기는 그 내러티브 가운데서 최후의 중대한 순간이 되었다. 하지만 이 '의로운' 인물은 일종의 실패자로 묘사되며, 여기서 우리는 이제껏 전개되어 온 성경 역사의 내러티브 속에서 그와 비슷한 다른 많은 이들을 떠올리게 된다. 누가복음은 하나님의 섭리에 따라 성전 안으로 인도된 뒤 기대를 가득 품은 백성에게로 다시 돌아오지만, 말을 못하게 되었고 따라서 그들을 축복하지도 못하는 한 제사장의 모습으로 시작된다. 그는 자신의 불신앙 때문에 말을 잃었다. 사가랴는 어쩔 수 없이 침묵해야 했고, 이 기간 동안 그는 가브리엘이 전한 메시지를 숙고하고 그 말씀에 순종하여 자기 아들의 이름을 요한이라고 짓게끔 준비될 수 있었다.

누가복음은 또한 기도로 끝을 맺는다. 기쁨에 찬 제자들의 무리가 예루살렘으로 돌아가서, 사가랴가 말을 잃었던 그 성전에서 하나님을 늘 찬송하게 된다. 다만 먼저 제자들은 부활하시고 승천하신 그리스도께 축복을 받았다(24:50-53). 그리스도는 죄인인 하나님의 언약 백성과 자기 자신을 자발적으로 동일시하시고, 한때 말을 잃었던 그 제사장의 아들에게 세례를 받으신 분이었다. 그리스도는 또한 자신이 이스라엘을 위한 메시아임을 주장하셨으며, 그 때문에 성전의 권세자들과 도성에 모인 군중에게 배척을 당하신 분이었다. 그는 원수들이 자신을 십자가에 못 박을 때 그들을 위해 기도하셨으며, 제구시에 숨을 거둘 때에도 자신의 아버지께 기도하신 분이었다(이는 사가랴가 분향하려고 성전에 있었던 때와 같은 시각이었을 것이다)[45]. 그런데 이제 바로 그분이 **다시 살아나신** 것이다 (24:1-8). 누가가 기록한 두 권의 책에서 첫 번째 책은 부활하신 그리스도가 하늘로 오르면서 자신의 백성을 축복하고[46] 경배를 받으시며, 새롭게 생겨난 그 백성의 무리가 하나님을 송축하는 모습으로 끝이 난다(24:50-53).[47]

---

45 Hamm, "Tamid," 224-226; 또한 Brown, *Birth*, 280-281을 보라.
46 만약 이때 예수님이 베푸신 축복의 배경에 타미드 예식(Tamid service)이 있었다면, 그 축복의 내용은 민수기 6:24-26과 관련이 있을 것이다. Hamm, "Tamid," 224-226을 보라.
47 이 복음서의 서두에서는 **하늘에서 내려와** 성전에 임한 이(가브리엘)의 모습을 묘사하며, 섭리에 따라 지목된 제사장(사가랴)이 말을 못하게 된 일을 언급한다. 결말 부분에서는 예수님이 **하늘로 오르면서** 제자들을 축복하시는 모습을 묘사한다. 그리하여 그들은 성전에서 늘 하나님을 찬미한다. 이런 특징은 누가가 예수님을 이스라엘과 성전을 성취하신 분으로 그려 내고 있음을 시사한다. 그는 예수님을 자신의 백성에게 복을 베푸실 수 있으며

이 드라마에서는 각 등장인물이 예수님을 통해 드러난 그 절정에 서로 다른 방식으로 응답한다. 누가의 글 첫머리

> 누가가 기록한 두 권의 책에서 첫 번째 책은 부활하신 그리스도가 하늘로 오르면서 자신의 백성을 축복하고 경배를 받으시며, 새롭게 생겨난 그 백성의 무리가 하나님을 송축하는 모습으로 끝이 난다(24:50-53).

에 등장하는 사가랴는 가브리엘이 전한 복된 소식을 믿지 못했다. 이와 반대로 젊은 여인 마리아는 같은 천사의 방문을 받았을 때 그의 말을 믿었다. 이와 마찬가지로 누가복음의 끝부분에서 예수님이 부활하셨을 때, 그 소식은 먼저 두 천사를 통해 여인들의 무리에게 전달된다(이 중에는 마리아라는 이름을 지닌 두 여인이 포함되어 있었다). 여인들이 한데 모인 제자들에게 기쁜 소식을 전했을 때, 그 여인들의 말은 "허탄한 듯이 들[렸으며]", 사가랴와 마찬가지로 그 제자들은 "믿지" 않았다(24:11).[48]

누가의 내러티브는 하나님이 예수님 안에서, 예수님을 통해 행하고 계신 일을 마땅히 깨달아야 하지만 실제로는 깨닫지 못하거

지상의 성전이 상징했던 참된 실재 안에 들어가서 섬기시는 제사장으로 묘사한다.

48 이런 처음과 끝부분은 전형적인 1세기 독자들의 기대와 어긋난다. 이 두 부분에서는 1세기 남성들(특히 한 제사장과 예수님의 제자들)이 하나님의 구속 활동에 제대로 응답하지 못하는 인물들로 묘사되고, 이와 달리 1세기 여성들은 그분의 활동에 제대로 반응하는 것으로 그려진다. 전체적인 이야기 속에서 이 단락들이 놓인 위치를 생각해 볼 때, 이 점은 누가의 주된 목적과 관계가 없는 것으로 여겨지지 않는다.

4장 : 누가복음 안에서의 기도와 구속 사역

나 애써 깨달으려고 하지 않는 이들로 가득 차 있다.[49] 그러나 어떤 이들은 기꺼이 그리할 준비가 되어 있으며, 이들은 자신들이 보고 들은 일에 기쁨으로 동참한다.[50] 안나의 기도(그녀 자신이 얻게 된 깨달음에 관련하여), 그리고 예수님의 기도(그분의 제자들이 점점 더 뚜렷이 얻게 된 깨달음에 관련하여 - 예수님의 모습이 변화되셨을 때 베드로가 고백하기 이전에 드리신 기도와 엠마오에서 제자들과 함께 식탁에 앉으셨을 때 드린 기도 모두)는 누가의 이야기에 담긴 이 특징과 어떻게 연관

---

49 누가복음 4:16-30에 언급된 나사렛의 백성들, 5:17-26, 30; 6:6-11; 7:36-40; 11:37-54에 묘사된 바리새인들과 토라 전통의 교사들, 그리고 제자들(특히 9장과 18장)의 모습을 생각해 보라.

50 흥미롭게도 "찬란한 옷을 입은" 두 인물(24:4)이 ('마리아'라는 이름을 지닌 두 여인이 포함된) 몇몇 여인들(24:10)에게 예수님의 부활을 알렸을 때, 그 여인들은 "예수의 말씀을 기억[했다]"(24:8). 하지만 여인들이 이 소식을 전했을 때, 다른 제자들은 그 말을 받아들이지 않았다. 또한 글로바와 그의 동행자는 부활하신 예수님을 알아보지 못하고 그분에게 이 일들을 이야기했다. 그들이 빈 무덤과 (천사들에 관한 언급이 담긴) 여인들의 이야기를 예수님에게 전했을 때, 그분은 자연스레 이렇게 말씀하셨다. "미련하고 선지자들이 말한 모든 것을 마음에 더디 믿는 자들이여"(24:25). 일부러 누가는 예수님의 말씀을 경청했던 **두 마리아**가 그분의 말씀을 묵상하는 태도로 반응했던 것을 이와 연관시킨다! 예수님의 어머니인 마리아는 그분의 탄생이 선포될 때 신실한 태도로 응답했으며(1:34-38), 아들에 관련된 말과 사건들을 주의 깊게 숙고했다(2:19, 51). 마르다의 자매인 마리아는 "주의 발치에 앉아 그의 말씀을" 들었다(10:39). 끝으로, 갈릴리에서 온 여인들의 무리가 있다. 처음에 이 여인들은 예수님과 그분의 제자들에게 필요한 것을 공급한 이들로 소개되었고(8:1-3), 이후에 이들은 예수님의 죽음을 지켜보았다(23:55-56). 이들은 예수님이 부활하셨다는 소식을 듣고, "예수의 말씀을 기억[했다]"(24:8). 1세기 기준에 따르면, 안나와 마찬가지로 이 여인들도 열등한 시민으로 간주되는 이들이었다. 하지만 이들은 하나님이 그분의 아들이신 예수님의 삶 속에서 펼치신 계획을 깨달았다.

되는 것일까? 그 답은 곧 둘 사이에 매우 긴밀한 연관성이 있다는 것이다. 우리는 예수님의 변화 사건을 앞두고서 베드로가 그분의 참된 정체성을 깨닫고 고백한 일과, 글로바와 그의 동행자가 그분의 정체성을 깨닫고 고백한 일을 통해 이 점을 헤아려 볼 수 있다. 두 사건 모두 예수님의 기도에 결부되어 있기 때문이다(24:30-31). 톰 라이트는 창세기 3:7의 "이에 그들의 눈이 밝아져"와 누가복음 24:31의 "그들의 눈이 밝아져" 사이에 주목할 만한 인클루지오 구조가 있음을 지적했다. 이 인클루지오 구조는 그리스도의 구속 사역이 지닌 포괄적인 범위를 일깨워 준다. 곧 그리스도는 하나님의 선한 창조 세계 가운데서 망가진 부분들을 다시금 바로잡기 위해 자신의 사역을 행하신 것이다. 지금 우리의 목적을 위해서는, 처음에 있었던 치명적인 '눈의 밝아짐'이 이제 구속적인 '눈의 밝아짐'을 통해 극복된 그 일이 바로 예수님의 기도를 통해 이루어졌다는 점에 유의할 필요가 있다.

누가복음에 담긴 기도의 사례들이 서로 고립되고 연관성이 없는 것들이 아님은 분명하다. 누가는 기도를 하나님의 구속적인 드라마를 앞으로 진행시키는 추진력에 결부시키며, 그 드라마의 실체와 주된 성격을 깨닫거나 깨닫게 하는 일, 그리고 그 드라마가 펼쳐지는 데 참여하기 위해 준비하는 일 역시 기도에 결부시킨다. 그러므로 크럼프가 고찰하듯, "각 사람이 자신의 의지를 하나님의 뜻에 맞추도록 기도가 쓰임받는 방식을 [살필 때] … 누가는 하나님이 다양한 방식으로 구원 역사를 이미 이끌어 가고 계심을 드러내며, 기도는 이처럼 하나님이 행하고 계신 일들을 깨닫고 그 일에 참여하는 인간의 방편이다.[51] 하나님은 여러 관계들을 통해 자신의 경륜을 이루어 나가신다고도 말할 수 있으며, 이때 기도는 이 상호 연관성을 드러내는 가장 심오한 표현이다.

누가복음 전체에서, 기도는 그 등장인물들이 절정을 향해 가는 하나님의 이야기에 참여하는 방식에 긴밀히 결부된다. 그런데 절정에 이른 하나님의 이야기는 그분의 정체성과 본질에 관한 사람들의 편협한 견해에 도전을 제기하며, 기도는 그 등장인물들이 이 도전에 반응하는 방식에도 밀접히 결부되어 있다. 이 이야기를 듣는 이들은 누가가 서술한 하나님의 목적과 현재 자신의 삶에 연관된 하나의 부르심에 직면하게 된다. 결코 포기하고 싶지 않은 자신의 신념과 특권 때문에 예수님 안에서 전개되던 그 드라마를 부

---

[51] 크럼프는 중요한 연구이지만 출판되지 않은 해리스(O. G. Harris)의 박사학위 논문 "누가-행전의 기도: 누가 신학의 한 연구"(Prayer in Luke-Acts: A Study in the Theology of Luke)를 읽고 자신이 파악한 문제점을 지적하면서 이같이 언급한다(Crump, *Intercessor*, 6). 해리스는 기도와 하나님의 활동 사이에 '인과 관계'가 있음을 주장하는데, 이에 따르면 기도는 "하나님이 이를 통해 역사 속에서 활동하실 수 있는 도구 중 하나"가 된다. 하지만 크럼프는 그 주장을 거부하면서, "기도는 각 사람이 이를 통해 하나님이 예정해 두신 활동에 적절히 부응하게 하고, 그럼으로써 그분이 세워 두신 계획에 참여할 수 있게 하는 도구 중 하나이다."라고 논하는 쪽을 택한다.

정적으로 평가하는 인물들을 누가는 우리에게 보여 준다. 결국 이 사람들은 세상 가운데서 진행되는 하나님의 구속 활동 속에 들어가지 못했으며, 지식에 이르는 열쇠를 버리고 파멸에 이르게 된다(11:37-52). 하지만 예수님과 함께 기도하는 이들은 이스라엘의 하나님을 '아버지'로 부르는 법을 배우게 되며, 친절하고 자애로우며 관대하신 그분과 관계를 맺는다. 또 그들은 자신의 이기적이고 소심하고 폭력적이고 굴종적이고 파괴적이고 비인간적인 성향을 회개한다. 그리하여 이들은 하나님과 그분의 목적에 더욱 견고히 연합된다. 이 같은 하나님의 성품과 목적은 성부 하나님에 관해, 또 그분 자신의 메시아적인 소명에 관해 묘사하신 예수님의 가르침을 통해 뚜렷이 드러난 것이다(4:16-44; 5:27-32; 7:18-35; 8:1, 4-15; 9:1-6, 18-22, 37-44; 10:21-24; 11:2-4; 또한 6:20-38; 12:22-34; 14:15-24; 15:1-32; 18:1-8, 15-34; 19:1-10; 20:9-18, 41-44; 22:7-22, 28-30, 35-38; 23:39-43; 24:25-27, 30-32, 36-49를 보라).

| 읽 어 볼 글 들 |

- 누가복음 9:18-36

| 생 각 해 볼 질 문 |

01 마태복음, 마가복음, 누가복음에서 예수님이 메시아시라는 베드로의 고백은 하나의 전환점이 된다. 예수님의 기도에 관한 9:18의 기록은 베드로의 이 놀라운 고백에 관한 이야기를 읽는 방식에 어떤 영향을 미치는가?

_____

_____

02 '메시아'는 무엇을 의미하는가? 베드로가 이 통찰력을 얻는 데 기도가 절대적으로 중요했던 이유는 무엇이겠는가?

_____

_____

03 변화산에서 예수님이 변화되신 사건을 통해, 예수님에 관해 드러난 일은 무엇인가?(9:28-36)

_____

_____

5장

사도행전 – 그 후속 편

이 주석서는 누가복음에 초점을 맞추지만, 기도에 관한 강조점이 어떻게 사도행전에서도 이어지는지를 간단히 살펴볼 가치가 있다. 누가가 기록한 첫 번째 책은 부활하신 메시아가 하늘로 오르면서 자신의 백성을 축복하고 경배를 받으시고, 새롭게 생겨난 백성 공동체가 하나님을 찬송하는 모습으로 끝이 난다. 그런데 이제 하나님의 경륜 가운데서, 이처럼 하나님께 축복을 받고 그분을 송축하는 이들이 다른 이들에게도 복된 존재가 된다.[52] 이 두 번째 책에서 누가는 처음에 이 복이 모든 나라들로 퍼져 나간 일을 서술한다.

---

52 아브라함이 부르심을 받은 사건은 이 점을 드러내는 최상의 본보기가 될 수 있다(창 12:1-3).

> 하나님의 경륜 가운데서, 이처럼 하나님께 축복을 받고 그분을 송축하는 이들이 다른 이들에게도 복된 존재가 된다.

누가의 이야기는 예루살렘에서 시작했지만, 그의 두 번째 책까지 고려하면 그 이야기는 로마에서 끝이 난다. 사도행전은 로마에 투옥된 바울이 "하나님의 나라를 전파하며 주 예수 그리스도에 관한 모든 것을 담대하게 거침없이 가르치[는]" 모습으로 끝을 맺는다(행 28:31). 따라서 이것은 운동과 성취에 관한 이야기이다. 이는 **하나님이** 친히 그 일을 행하시기 때문이다. (하나님은 약속을 지키시고, 기도에 응답하시고, 한 민족을 세우시고, 기적을 나타내시고, 그분의 팔을 펴시고, 포로 된 자를 자유롭게 하시고, 자신의 백성이 여러 나라로 퍼져 나가게 하시고, 그들이 그분의 구속적인 선교에 참여하는 것을 감독하신다.) 하나님은 이 세상에서 그분의 새로운 일을 행하고 계신데, 이 일은 먼저 성령의 능력을 입은 그분의 종 예수님을 통해(3:22; 4:1, 14, 18-19), 그런 다음에는 성령의 충만함을 입은 예수님의 제자들을 통해 드러났다(11:11-13; 24:48-49; 행 1:4-8; 2:1-21. 이 일은 지금도 계속된다). 그런데 이 새로운 일은 오래전부터 약속된 것이었으며, 이스라엘의 신실한 백성들이 오래도록 기다려 온 일이기도 했다. 그리하여 이제 이스라엘 백성의 이야기는 하나님이 의도하신 절정에 이르렀다. 이제는 여호와께서 새롭게 하신 성전과도 같은 그 백성이, 만민으로 이루어진 기도의 집이 될 때가 온 것이다.

첫 번째 책에서 예수님은 하나님이 맡기신 사명을 감당하면서 기도를 통해 하나님의 계획에 순응하시는 모습으로 계속 묘사되었다. 누가는 이 후속 편에서도, 예수님이 행하셨던 일들을 그분의 제자들이 계속 이어 가는 것으로 묘사한다. 조엘 그린에 따르면, 이는 "특히 기도의 실천에 관련해서 그러하다."[53] 그러므로 "사도행전에서 기도는 (1) 하나님이 품으신 목표를 깨닫고 분별하는 방편이며, 또한 (2) 하나님이 행하시는 일들에 순응하며 동참하는 방편이 된다."[54] 그린은 누가의 이 두 책에서 나타나는 또 다른 의도적인 유사점을 지적한다. 예를 들어, 예수님과 제자들은 모두 자신들이 수행할 사역을 위해 성령을 받기 전에 먼저 기도하며(3:21; 행 1:14; 2:1-4; 8:15-17), 사도들을 선택하여 세우기 전에도 먼저 기도한다(6:12; 행 1:24). 예수님과 스데반은 모두 죽음을 맞기 전에 자신을 핍박하는 자들을 용서해 주시기를 기도했다(23:34; 행 7:60). 사도행전 전체에 걸쳐 서른 차례 이상 기도가 언급되는 점, 주요 내러티브의 요약 단락 속에도 기도가 담겨 있다는 점과 함께

---

[53] Joel B. Green, "Persevering Together in Prayer: The Significance of Prayer in the Acts of the Apostles," in *Into God's Presence: Prayer in the New Testament*, ed. R. N. Longenecker (Grand Rapids: Eerdmans, 2001), 183-202, 188.

[54] Green, "Persevering Together," 194. Crump, *Intercessor*, 6, 그리고 Peter T. O'Brien, "Prayer in Luke-Acts," *Tyndale Bulletin* 24 (1973): 111-127, 121-127을 보라.

많은 증거를 들면서, 그린은 다음과 같은 핵심 요점으로 나아간다. "누가는 예수님의 제자들은 곧 예수님이 보이신 경건을 계속 본받는 이들이었음을 확실히 밝힌다. … 이 제자들이 보여 준 헌신은 이들이 근본적으로 하나님의 목적을 좇아가며, 그분의 뜻에 순복하고, 하나님이 자신의 기도를 듣고 응답하시리라는 확신을 품고 있었음을 풍성히 드러낸다."[55]

하나님 나라에 속한 기도는 제자들이 그 나라의 능력에 참여하는 적절한 방편이 된다. 기도는 우리 자신은 연약하고 오직 하나님께만 능력이 있음을 시인하는 이중의 고백이며(행 4:24-28), 순전한 마음으로 기도하는 이들은 이 전능하신 하나님이 그 나라에 참여하도록 그들을 초청하셨음을 전제로 삼는다(행 4:29-31).[56] 왕이신 하나님이 거룩하면서도 종종 불가해한 그분의 뜻을 이루어 나가실 때, 그 나라를 섬기도록 부름받은 이들로서 우리의 기도는 우리가 그분의 제자로서 그 일에 더 깊이 동참하는 데에 전략적으로 중요한 방편이 된다.[57]

---

55 Joel B. Green, "Persevering Together," 189.
56 하나님이 펼쳐 나가시는 그분의 목적에 우리의 기도가 어떻게 연관되는지를 이해하는 서로 다른 방식에 관해서는 크럼프의 글과 John Goldingay, "The Logic of Intercession," *Theology* 99 (1998): 262-270, 특히 266쪽을 비교해 보라.
57 사도행전 4장에서 한데 모인 신자들이 드린 기도에 하나님이 응답하신 일을 생각해 보라. 핍박과 투옥, 위협과 죽음이 줄어들었기 때문이 아니라, 그런 일들이 더 많아짐에 따라 그들도 더욱 담대해졌다.

그러므로 기도는 하나님이 어떤 일을 행하시도록 설득하거나 심지어는 강요하기 위한 일종의 기술이 아니다. 오히려 우리는 기도를 통해, 하나님이 그분의 구속 계

> 그리스도인으로서 우리는 하나님의 목적을 헤아리기 위해(또는 그 목적에 붙잡히기 위해), 우리의 몫을 감당하면서 하나님의 뜻을 받들기 위해, 그리고 우리의 믿음과 소망, 이 세상 속에서 하나님의 뜻이 실현되기 원하는 갈망을 표현하기 위해 기도한다.

획에 동참하도록 우리를 초청하고 계심을 깨닫는다. 그린이 지적하듯이, "사도행전 전체에 걸쳐, 기도는 하나님의 목적을 깨닫는 기회가 된다."[58] 그리스도인으로서 우리는 하나님의 목적을 헤아리기 위해(또는 그 목적에 붙잡히기 위해), 우리의 몫을 감당하면서 하나님의 뜻을 받들기 위해, 그리고 우리의 믿음과 소망, 이 세상 속에서 하나님의 뜻이 실현되기 원하는 갈망을 표현하기 위해 기도한다. 누가의 책 두 권에서, 하나님의 목적에 동참하는 이는 그 시대를 향한 하나님의 뜻을 깨달을 뿐 아니라 성경의 의미도 이해한다. 이 일을 위해, 우리가 하나님 나라의 복된 소식을 받아들이고 분별하며 그 안에서 끈기 있게 전진하고 그 소식으로 인해 변화되게끔 이끄는 방편으로 누가는 이 두 권의 책에서 기도를 제시한다.[59] 그린이 일깨우듯이, 특히 누가의 두 번째 책에서 "기도는

---

[58] Green, "Persevering Together," 193.
[59] 이에 반해 다른 근본 신념을 좇으면서 하나님의 계획을 거부하는 이들의

하나님의 뜻을 분명히 드러내는 한 방편으로 제시된다. 이는 기도를 통해 하나님의 뜻이 알려지게 된다는 의미에서, 또 기도를 통해 사람들이 하나님의 뜻에 보조를 맞추게 된다는 의미에서 그러하다."[60]

눈은 어두워지고, 그들은 하나님의 이름으로 선포된 복된 소식을 보고 듣는 데 실패한다(눅 4:16-30; 7:18-35; 8:1-21; 9:51-53; 10:13-24; 11:34-35, 37-54; 12:54-56; 13:10-17; 14:1-6, 25-33; 16:14-17; 18:18-25; 20:19-44; 행 4:1-22; 5:17-42; 6:8-15; 7:51-8:3; 12:1-5).

60 Green, "Persevering Together," 189-190.

| 읽 어 볼 글 들 |

o 사도행전 4:23-31

| 생각해 볼 질문 |

01 사도행전 4:24-28에서 신자들이 드린 기도에 담긴 요소들을 찾아 열거해 보라.

02 그 요소들을 살피면서 우리는 기도에 관해 무엇을 배울 수 있는가?

03 이 제자들은 기도를 드리면서 하나님께 무엇을 구했는가? 그 내용은 누가복음의 내용과 어떻게 연관되는가?

6장

기도와 누가복음 읽기

　누가복음에서 하나님 나라는 기도를 통해, 성부와 성자와 성령 하나님 사이의 친밀한 교제를 통해 임한다. 예수님 자신과 신자들의 기도를 통해 그 나라의 왕이신 예수님의 참된 정체성이 드러나며, 우리는 그분의 참모습을 깨닫고 그분을 따르면서 풍성한 열매를 맺게 된다.

　앞으로 더 자세히 살피겠지만, 우리는 이 점을 통해 배울 교훈이 많다. 여기서 언급할 것은 기도를 떠나서는 누가복음도, 성경 전체도 바르게 이해할 수 없다는 점이다. 누가의 이야기는 구원의 위대한 드라마 가운데서 그 절정에 이른 하나님의 경륜에 초점을 맞춘다. 앞서 보았듯이 하나님의 경륜은 본질적으로 관계 지향적이다. 따라서 누가의 이야기는 삼위일체적인 성격을 지니며, 그것은 무엇보다도 하나님의 생명과 선교에 동참하게끔 우리를 초청하기 위해 마련된 이야기이다. 성경은, 그중에서도 특히 누가복음은 이 세상에 관한 참된 이야기를 들려줄 뿐 아니라 그 이야기에 동참하도록 우리를 초청한다. 기도는 하나님과 나누는 교제로서, 우리로 하여금 그 드라마를 이해하고 그 안에서 살아갈 수 있도록 하나님이 친히 주신 방편이다. 따라서 기도는 우리에게 없어서는 안 될 방편이다. 만일 그 이야기가 참될지라도, 우리가 그 이야기에 사로잡힌 바 되어 왕 되신 그분께 경배하지 않는다면, 그리하여 '그 나라에 들어가게' 되지 않는다면 어떻게 그 의미를 헤아릴 수 있겠는가?

기도는 성경을 해석하는 데 꼭 필요하며, 하나님이 받으실 만한 기도는 자만심에 찬 태도의 정반대편에 있다(눅 18장). 성경에 담긴 것은 하나님의 계시이며, 그분이 은혜로 베푸시는 은사가 없이는 아무도 그 내용에 다가갈 수 없다(2:25-32, 36-38; 10:21-22; 16:19-31; 24:13-49; 행 10장; 13:44-49; 16:14). 누가는 예수님과 그분의 첫 제자들이 드린 기도의 내용을 서술한다. 이는 그가 예수님에 관한 자신의 이야기를 듣고 믿음으로 반응하는 이들 역시, 그렇게 기도함으로써 유사한 결과를 얻게 되리라고 믿기 때문이다.

아쉽게도 성경 해석에 관한 책들은 기도를 다루는 일이 거의 없으며, 색인에 그 주제를 포함시키는 일도 거의 없다. 학술지의 데

이터베이스를 검색해 보아도 그 주제를 다루는 논문은 지극히 드물다. 종교의 사유화는 현대성이 지닌 주된 특징 중 하나이며, 이를 통해 학문 작업의 '과학적인' 성격은 종교의 영향을 받지 않도록 보호받아 왔다. 종교는 학문 작업과 공적인 영역을 오염시키는 것으로 여겨졌으며, 따라서 우리 삶의 사적인 영역으로 제한되었다. 그 결과로 성경 연구에 있어서, 한편에는 성경 해석을 두고 다른 한편에는 신앙과 교회 생활을 둔 채 그 양편을 가로막는 장벽이 자주 생겨나곤 했다. 하지만 기독교 신앙은 그런 사유화와 구획화에 저항한다. 성경에 대한 학문적 연구는 유익하고 꼭 필요한 것이며, 특히 그 연구가 신앙의 결과물로서 수행된다면 더욱 그러하다.

예수님과 그분의 백성이 하나님의 구속적인 사명을 성취해 나간 이야기를 두 권의 책에 걸쳐 서술한 누가의 방식을 살피면서, 우리는 한 가지 배울 점이 있다. 그것은 곧 우리가 성경을 읽고 연구하는 일에 다시금 헌신할 필요가 있다는 점이다. 이때 우리는, 문자적으로나 은유적으로나, 기도하는 자세를 그 일의 중심에 두어야 한다. 그리고 하나님 나라를 신실하게 받아들이고 그 나라에 참여하며, 그 나라의 일을 수행하기 위한 과업으로서 (의식적으로 성령님께 의존하는 가운데서) 성경 연구와 가르침과 읽기를 진행해 나가야 한다는 점을 이해해야 한다. 이 같은 접근 방식을 강조하는 것은 성경 연구라는 도구와 성경 연구가 주는 유익을 포기해야 한다는 뜻이 아니다. 이 점을 강조하는 의도는 다만 좀 더 폭넓은 맥락 가운데서 그런 학문적 노력을 수행해야 한다는 데 있다. 곧 교회는 성경이 증언하는 실재를 받아들이고 송축하며 드러내야 할 소명이 있으므로, 우리는 그에 따라 신앙 공동체를 위해 본문의 의미를 드러내는 도구로서 학문적인 방법론들을 활용할 필요가 있다는 것이다. 우리 주님은 하나님이 성취하신 드라마의 이 장을 세상 앞에 상연할 임무를 교회에 맡기셨다.

성경에 관한 학문적 연구는 매우 중요하다. 하지만 성경을 해석하는 일에서 겸손한 기도보다 학식을 더 중시할 때, 우리는 누가복음 18장에서 언급되는 자만심에 찬 바리새인과 같은 이들이 된다. 그러므로 우리는 필요한 작업을 끝마친 뒤, 우리 자신은 하나님을 섬기는 종일 뿐임을 기억하고 누가복음 18장의 세리처럼 가슴을 치면서 해석의 지혜를 계속 간구해야 할 것이다. 이는 장 루이 크레티앵(Jean-Louis Chrétien)의 풍성한 내용이 담긴 저서 *Under the Gaze of the Bible*(성경의 시선 아래)의 중심 주제이기도 하며, 여기서 그는 다음과 같이 올바르게 진술한다.

> 기독교에서 지혜자는 진리의 주인이 아니다(하나님만이 진리의 주인이시다). 그는 오히려 진리의 증인, 곧 자신이 진리를 대면했음

을 (혼신을 다해, 어쩌면 천사와 씨름하고 난 야곱처럼 절뚝거리면서) 증언하는 자이다. 그 자신은 그 진리가 아니며, 그 진리는 이제껏 그를 영원히 불러온 진리이다. 그는 자신이 숨을 거두기까지 그리스도의 거룩한 이름이 자신의 입술에 있기 원하며, 오직 그 이름만이 자신의 입을 열어 영원한 샘물을 마시게 한다는 것을 안다.[61]

이런 이유로, 기도는 성경 읽기와 해석의 구조 속에 통합되어야 한다. 기도는 성경에서 펼쳐지는 드라마에 참여하는 데 적절한 활동이기 때문이다. **기도는 우리가 하나님을 향해 마음을 열고 그분의 구속 사역에 동참하는 데 꼭 필요한 방편이다.** 기도가 없이는, 성경을 **하나님의 말씀으로서** 의미 있게 해석하기란 불가능하다.[62] 이에 관해 요한 바오로 2세(John Paul II)는 이렇게 단언한

---

61 Jean-Louis Chrétien, *Under the Gaze of the Bible* (New York: Fordham University Press, 2015), 44.
62 전반적으로, 누가복음과 사도행전 모두에서 이스라엘의 종교 지도자들은 하나님의 구속 계획에 저항하는 모습을 보인다. 누가복음에서 바리새인과 서기관들은 예수님이 자신들을 가리켜 비유로 말씀하셨음을 "알[았지만]" 바르게 반응하지 못했다(20:9-19). 그리고 예수님은 율법 교사들을 책망하셨는데, 이는 그들이 "지식의 열쇠를 가져가" 버렸기 때문이다. 그들은 어떤 식으로 그렇게 행한 것일까? 그들은 하나님이 그분의 종인 예수님 안에서, 그리고 예수님을 통해 새로이 행하고 계신 일 안으로 "들어가지 않[았다]." (이는 곧 하나님이 전개하시는 드라마의 새 단계인 그분의 나라다. 예수님은 이 나라를 선포하시고 새롭게 정의하셨으며 친히 개시하셨다.) 또한 그들은 암암리에 부정적인 본을 보일 뿐 아니라 노골적으로 예수님에게 저항함으로써 "들어가고자 하는 자도 막았"다(11:52).

다. "성령의 감동으로 된 말씀에 관해 온전하고 타당한 해석에 이르려면, 우리는 먼저 성령의 인도를 받아야만 한다. 이를 위해서는 기도가 필요하다. 아주 많이 기도해야 한다. 우리는 기도로써 성령의 내적인 빛을 구하고 그 빛을 유순한 태도로 받아들여야 한다. 또한 사랑을 구해야 하는데, 하나님은 '사랑이시기' 때문에(요일 4:8, 16) 우리는 오직 사랑을 통해서만 그분의 언어를 이해할 수 있다."[63]

클리프턴 블랙(Clifton Black)은 "기도로서의 주해"라는 제목의 탁월한 논문에서 이 주제를 철저히 고찰한다(주해는 성경 해석을 가리키는 전문 용어이다). 그의 글은 영감에 관한 요한 바오로의 논지와 연관성이 있다. 성경에 나타난 기도에 관한 오토 파이퍼(Otto Piper)의 글을 살피면서, 블랙은 파이퍼가 보여 준 통찰을 다음과 같이 지적한다. "기도는 종교적인 보조물이 아니며, 진지한 성경 주해 과업에 착수하기 전에 잠시 경건한 태도로 고개를 숙이는 일 정도의 것도 아니다. … 성경이 기록되고 또 교회 안에서 정경으로 인정되도록 인도하신 성령님과 협력해서 작업을 진행할 때, **주**

---

[63] "Address of Pope John Paul II to Pontifical Biblical Commission (April 23, 1993)," St. Paul Center for Biblical Theology, 2016년 5월 11일 접속, http://archive.salvationhistory.com/library/scripture/churchandbible/pastoral/pope93.cfm2.htm

해는 기도의 한 표현이다."[64]

이런 사실에 비추어 볼 때, 블랙은 오늘날의 주해자들에게 기도에 연관된 것으로서 꼭 필요한 세 가지 성향을 제시한다. 이는 곧 거룩한 능력과 변화된 애정, 그리고 감사에 넘치는 찬양의 기질이다.[65] 그리고 이런 종류의 주해를 수행하기 위해서는, 우리가 속한 기도 공동체와 해석 공동체가 서로 겹치는 상태에 있어야만 한다.

그러나 이 두 공동체의 관습이 항상 겹치는 것은 아니다. 아쉽게도 우리 시대에는 성경학에서의 많은 훈련이 그 과업과 책무에서 기도가 배제된 상황, 곧 신실한 교회의 양육이 '부자연스러운 결론'이 된 상황 속에서 이루어진다. 내게 반스앤노블 서점의 종교 분야 서가를 방문하는 일은 마치 심판대로 나아오라는 섬뜩한 부름 같은 것이 되어 버렸다. 그곳에서 성경 관련 자료를 살필 때 발견하게 되는 많은 책들은 팀 라헤이(Tim LaHaye)가 썼거나 〈예수 세미나〉(Jesus Seminar)에서 펴낸 사변적이며 공상적인 작품들이다. 부끄럽게도, 우리에게 질문을 제기하는 성경적 신앙의 신비한 세계로 평신도들이나 호기심 어린 행인들을 초청하는 책들은 그보다 훨씬 적다. 그리고 기도와 마찬가지로 주해 역시 냉랭한 판독이 아니며, 오직 십자가의 어리석음을 통해서만

---

64 C. Clifton Black, "Exegesis as Prayer," *Princeton Seminary Bulletin* 23 (2002): 131-145, 138.
65 Black, "Exegesis as Prayer," 139.

이해될 수 있을 정도로(고전 1:18-31) 우리와 세상을 깊이 사랑하시는 하나님과의 교제임을 일깨워 주는 책들 역시 매우 적다. 이런 점에서 십자가에 근거한 주해는 탄원하는 기도와 닮은 측면이 있다. 그 일들을 진지하게 수행할 경우, 그 사람은 그 일의 성취와 떼려고 해도 뗄 수 없이 연관되기 때문이다(마 25:31-46).[66]

다음과 같은 조엘 그린의 지적은 옳다. "누가복음의 모범적인 독자들은 이 이야기를 그들 자신의 것으로 받아들이고, 자신의 삶 속에서 그 이야기를 계속 이어 가려 할 것이다. … 우리는 이 신적인 이야기를 받아들이고 그 안에 거하며, 그 이야기를 자신의 삶 속에서 구체적으로 드러냄으로써" 자신의 역할을 감당한다.[67] 누가는 이 점을 드러내기 위한 주된 방식 중 하나로서, 예수님을 기도에 전념한 분으로 기록했을 뿐 아니라 예수님의 첫 번째 임하심을 기다렸던 이들과 예수님의 '별세' 이후를 살아가는 이들도 기도에 전념한 이들로 묘사했다(행 1:14; 2:42). 그들은 친절하고 자애로운 아버지이신 하나님과 교제하는 이들이며, 하나님이 자신들을 그분의 자녀로서 그 드라마 속으로 이끌어 들이시는 것을 공개적

---

66 Black, "Exegesis as Prayer," 143.
67 Joel B. Green, "Learning Theological Interpretation from Luke," in *Reading Luke: Interpretation, and Reflection, Formation*, ed. C. G. Bartholomew, J. B. Green, and A. C. Thiselton (Carlisle, PA: Paternoster, 2006), 66.

으로 받아들이는 이들이다(18:15-17). 그리고 이 시대가 지닌 의미를 점점 더 깊이 분별하게 된 사람들이다(12:54-56; 행 2:14-40; 3:24; 13:16-41; 또한 고전 10:1-11; 히 1:1-2:4; 벧전 1:10-12, 17-21도 보라).

> **기도란…**
> 기도는 고요한 묵상과 적극적인 참여 모두의 형태로 나타나며, 우리가 예수님의 참모습을 깨닫는 데 꼭 필요한 조건이다. 성경 안에서, 그리고 성경에 의해서 선포되고 해석되는 드라마를 통해 우리 자신의 상상력이 변화되기를 추구하는 주해의 과정에서도 기도는 꼭 필요하다. 기도에는 의존하는 자세로 성부 하나님 앞에 나아간다는 의미가 담겨 있으며, 성경의 위대한 드라마에 참여하라는 이 초청에 응답하기 위해서는 기본적으로 감사의 태도가 필요하다. 오늘날에도 그 드라마를 이해하고 살아 내기 위해, 우리는 그 자세를 꼭 갖춰야만 한다.

그러므로 우리의 기도는 시므온이나 안나가 드린 것보다 더욱 (마지막 때를 지향하는) 종말론적인 것이 된다. 이들은 이스라엘에 위로가 임하기를, 곧 하나님이 그분의 언약적인 신실성을 나타내 주시기를 위해 기도했다. 그리고 예수님을 아는 우리는 하나님의 그 언약적인 신실하심을 직접 체험한다. 이제 우리는 기도하면서 이 성취를 되돌아볼 뿐 아니라, 그 일이 최종적인 극치에 이를 때를 내다보게 된다(22:14-23에 비추어서 18:1-8과 21:34-36을 살피고, 또한 사도행전 3:24을 사도행전 3:17-21과 견주어 살펴보라).[68] 더구나 이제 우

---

68 본문에서 과부와 불의한 재판장 비유를 언급하는 것은 하나님의 백성 중

리는 하나님의 임재 앞에 자유롭고 담대하게 나아가 기도할 수 있다. 이 임재는 성막과 성전(들)을 통해 표상되었으며, 사가랴보다 무한히 더 큰 능력을 가지신 제사장 예수님이 자신을 드리심으로써 마침내 실현되었다. 누가복음은 하늘에 오르시는 예수님이 자신의 백성에게 복을 베풀며 지시를 내리시는 모습으로 끝을 맺고, 사도행전은 바로 여기에서 시작된다. 누가가 쓴 이 두 번째 책은 그 복과 지시를 종말론적인 것으로 해석한다. 곧 부활하신 예수님은 앞서 약속된 회복의 성령이 행하시는 사역을 통해 그 백성에게 복을 주시며 인도하신다.[69] 하지만 이미 첫 번째 책인 누가복음에서도, 하나님이 이 땅의 흠이 많은 아버지들과는 비교할 수 없이 좋은 아버지이심을 아는 이들에게 성령은 누구나 받을 수 있는 "선물"이다(11:11-13). 이에 관해 쾨니그(J. Koenig)는 이렇게 설명한다.

> 사도들의 증언에 따르면, 예수님은 시대의 전환점에서 우리가

에 있는 약한 이들이 소망을 품고 정의를 추구하도록 격려하기 위함이다. 좀 더 적절히 이해하자면, 이 비유의 의도는 이야기 속의 과부를 우리와 동일시하려는 데 있으므로 이를 통해 우리는 자신이 약한 종임을 바르게 이해하게 된다. 물론 이는 우리가 무정한 재판장 쪽에 더 가깝지 않은 경우에 그러하다.

69 누가가 기도를 성령님과 어떻게 결부시키는지에 관해서는 적어도 이 책의 분량 정도 되는 여러 논문이 기여할 수 있으며, 무엇보다도 그런 논문들은 우리가 기도로 동참하게 되는 드라마의 종말론적인 성격을 알려 준다.

하나님과 교제할 수 있는 길이 되신다(고전 1:4-9). 예수님을 '주님'(Lord, *Kyrios*)으로 높이거나 그렇게 지칭할 때, 우리는 이미 하나님의 능력과 임재를 체험하고 그분을 찬양하는 입장에서 그렇게 행하는 것이다. 하지만 그 일은 또한 예수님의 이름으로 하나님의 새로운 창조 세계에 더욱 깊이 들어가기를 구하며 신적인 드라마의 최종적인 막에서 우리의 기도와 활동을 통해 우리의 고유한 역할을 감당하기를 구하는 것이기도 하다.[70]

우리는 메시아이신 예수님 안에서 복을 누리고, 이스라엘에 국한된 성전 세대는 예수님을 통해 끝이 난다. 예수님은 우리도 그분의 기도 생활에 동참하고 하나님의 선하심을 "알고"[71], 그분이 그랬듯이 우리도 하나님을 아버지로 삼아 교제하도록 우리를 초청하신다. 곧 성부 하나님을 유일하게 아시는 예수님(10:21-22)은 우리도 그분의 아버지이신 하나님을 우리의 아버지로 부르도록 초청하신다(11:2하). 그러므로 예수님이 알려 주신 기도의 본보기는 어린 자녀의 모습으로 하나님께 나아오는 이들에게 적합한 것

---

70 J. Koenig, *Rediscovering New Testament Prayer: Boldness and Blessing in the Name of Jesus* (San Francisco: Harper, 1992), 11-12. 『신약 성경의 기도』, 하늘향.
71 예수님의 제자들은 '자기 포기'의 인식론을 받아들이도록 노력할 필요가 있을 것이다. 예수님이 그리하셨던 것과 같이 성부 하나님을 '아는' 일은 곧 그분의 목적을 위해 자신의 삶을 버림과 동시에, 그렇지 않았으면 잃고 말았을 무언가를 그 안에서 발견하는 데 있기 때문이다.

이다(10:21; 18:15-17). 성부의 이름을 높이시는(10:21) 그 참되신 성자(3:22, 38; 4:3, 9; 9:35; 10:21-22; 23:46)께서는 우리도 그분이 품으셨던 것과 동일한 목적을 위해 살아가도록 초대하신다. "아버지, 당신의 이름이 거룩한 것으로 여겨지기를 원합니다." 우리는 하나님을 아버지로 받아들이고 하나님의 이름을 영광스러운 것으로 구별하면서 우리 자신을 하나님의 참된 자녀로 성별해야 한다.[72]

예수님은 종말론적인 다윗의 자손이며, 이스라엘의 참된 왕으로서 그분의 모든 대적이 굴복할 때까지 모든 나라를 통치하실 분이다. 그런 분으로서 하나님 나라의 시작을 여신 예수님은 그 나라가 극치에 이르도록 기도할 것을 우리에게 가르치신다(11:2).[73] 우리는 아버지이신 하나님의 권세가 쇠퇴하지 않고 더욱 확장되기를 염원하는 자녀로서 우리 자신을 보는 법을 배워야 한다.

예수님은 성부 하나님이 믿을 만한 분이며 한량없이 선을 베푸신다는 것과 하나님이 보시기에 우리가 귀한 가치를 지닌다는 것을 가르치셨다(11:11-13; 12:22-32). 또한 예수님은 그분 자신과 우

---

72 누가복음 9:46-48에 따르면, 예수님이 보여 주신 모습처럼 성부 하나님의 자녀로 살아갈 때 제자들은 환대를 실천하고 온유한 기질을 배우게 된다. 더 나아가 이런 종류의 삶은 우리를 대적하고 핍박하는 자들까지도 사랑하며 그들에게 선을 행하고 축복하는 형태를 취할 수 있다(6:27-34). 우리는 그 결과로 성부 하나님의 성품을 본받으며, 그분의 성품을 헤아리게 된다(6:35-36).
73 이는 곧 예수님이 성부 하나님께 모든 것을 돌려드리게 될 때이다(고전 15:20-28).

리 모두의 아버지 되시는 하나님께 일용할 양식을 구하라고 가르치신다(11:3). 오직 성부 하나님을 친절하고 자애로우신 아버지로 아는 이들만이 예수님의 형제자매로, 또 하나님의 참된 자녀로 살아갈 수 있다(6:27-36; 8:21; 9:46-48; 12:22-32; 23:34, 46).

예수님은 세리들을 자신의 가까운 동역자로 삼으셨으며(5:27-28), 죄인들과 함께 식사하기를 마다하지 않으셨다(5:29-32; 7:31-35; 15:1-2; 19:1-10). 예수님은 "죄인을 불러 회개시키러" 오셨으며(5:32), "잃어버린 자를 찾아 구원하려[고]" 오셨다(19:10). 그리고 예수님은 자신을 "불법자의 동류로 여김을 받[은]" 자로 묘사하셨다(22:37). 나아가 예수님은 두 범죄자와 함께 십자가에 달리셨을 때에도 자신의 원수들을 용서해 주시기를 기도하셨으며, 우리에게도 우리 자신의 죄를 용서해 주시기를 구할 뿐 아니라 다른 이들이 우리에게 진 빚을 탕감해 주라고 가르치셨다(11:4). 예수님은 성부 하나님께 죄의 용서를 구하도록 가르치신 뒤에 자신의 피로 새 언약을 확립하셨으며, 자신을 배신할 자와 함께 식사하셨다(22:20-21). 예수님은 시몬이 미래에 실패할 것과, 자신의 중보 기도를 통해 그가 **회복될 것**을 선언하셨다(22:31-32). 우리의 아버지이신 하나님께 죄 용서 받기를 구하도록 가르치신 예수님은 성부 하나님의 참된 아들이셨으며, 예수님의 이름으로 "죄 사함을 받게 하는 회개"는 모든 족속에게 선포되어야만 했다(24:47;

행 2:38; 5:31도 보라).

> 예수님은 그분 안에서, 그리고 그분으로 인해 새롭게 계시된 이스라엘의 하나님을 아버지로 모시고 우리 자신을 그분의 자녀로 여기도록 우리를 초청하신다.

예수님은 마치 늑대들 가운데로 어린양을 내보내듯이 제자들을 파송하셨으며(10:3), 장차 닥쳐올지 모르는 "시험"을 내다보면서 우리의 아버지 되신 하나님께 의존할 것을 가르치셨다(11:4). 이는 그 시험이 우리의 신앙을 뒤흔드는 시련이든, 우리를 하나님에게서 돌아서게 만드는 좀 더 일반적인 유혹이든, 하나님을 시험하게 만드는 불신앙의 문제이든, 어느 것이나 마찬가지이다. 이 중 어떤 경우든지 해결책은 동일하다. 곧 예수님은 제자들을 향해, 우리의 아버지이신 하나님께 의존하라고 가르치신다.[74] 이에 관해 라이트(N. T. Wright)는 이렇게 일깨운다. "주기도는 예수님 자신의 기도 생활에 동참하라는 초청이다. 이를 통해 우리는 그분이 품으신 뜻과 사역, 그분의 생활방식과 영성에도 참여하게 된다."[75] 예수님은

---

[74] 아마도 가장 위험한 유혹이나 시험, 혹은 시련은 하나님이 우리의 친절하고 자비로운 아버지이심을 의심하거나, 우리 자신이 그분께 사랑받는 자녀임을 의심하려는 성향일 것이다(4:3, 9).

[75] N. T. Wright, "The Lord's Prayer as a Paradigm of Christian Prayer," in *Into God's Presence: Prayer in the New Testament*, ed. R. N. Longenecker (Grand Rapids: Eerdmans, 2001), 138. Wright, "The Lord's Prayer," 137-138, 144-147도 보라. 여기서 라이트는 우리가 기도하면서 피해야 할 "시험"은 바로 우리 자신이 하나님을 시험하는 일일 수도 있다고 논한다. 이는 목이 곧았던 광야 세대를 본받지 않기 위함이다.

그분 안에서, 그리고 그분으로 인해 새롭게 계시된 이스라엘의 하나님을 아버지로 모시고 우리 자신을 그분의 자녀로 여기도록 우리를 초청하신다.

누가복음과 사도행전의 저자인 누가에 따르면, 예수님은 이스라엘이 오랫동안 고대해 온 메시아로서 새로운 시대를 가져오시는 분이며, 이는 곧 새로운 공동체를 위한 기도의 시대다. 예수님의 이름으로 함께 모인 이 공동체는 하나님을 아버지로 부르는 이들이며, 이렇게 구하는 자들에게 자신의 아버지께서 주실 것이라고 예수님이 말씀하셨던 그 은사로 충만하게 된 이들이다(11:11-13).[76] 우리는 바로 그 은사를 통해, 성경에 담긴 하나님의 음성을 들을 수 있다.

---

76 여기서 우리는 바울이 로마서 8장과 갈라디아서 4장에서 이 일들에 관해 언급한 내용을 떠올리게 된다. 그 본문들에 따르면, 하나님을 "아빠"라고 부르는 것은 이제 이방인들에게도 주어진 특권이었다. 그들은 예수님을 주님으로 고백한 이들이며, 약속된 성령을 통해 그렇게 행하도록 확증을 받았다. (Wright, "The Lord's Prayer," 151-153을 보라.) 예수님은 제자들에게 그들의 아버지이신 하나님이 후히 베푸시는 분임을 가르치셨다. "… 너희 아버지께서는 이런 것이 너희에게 있어야 할 것을 아시느니라 … 너희 아버지께서 그 나라를 너희에게 주시기를 기뻐하시느니라"(눅 12:22-32). 하나님의 깊은 일을 살피시는 성령께서도 하나님이 철저히 후하게 베푸시는 분임을 그 자녀들에게 드러내며 뚜렷이 알게 하신다. "이는 우리로 하여금 하나님께서 우리에게 은혜로 주신 것들을 알게 하려 하심이라"(고전 2:12). 이 일은 곧 성령님의 능력을 통해 예수님이 분명히 드러날 때 이루어진다.

| 읽어 볼 글들 |

- 누가복음 18:9-14

| 생각해 볼 질문 |

01 누가복음 18:9-14은 기도에 관해 무엇을 가르쳐 주는가?

02 아마도 바리새인은 '성경학자'였을 것이다. 성경을 이해하도록 돕는 성경학의 역할에 관해, 이 점에서 우리는 무엇을 배우는가?

03 기도와 신실한 성경 읽기는 성경학과 어떤 관계에 놓여야 하는가?

7장

기도와 전임 사역

로마서 12:1-2에 따르면, 우리 신자들은 하나님의 전임 사역자들이다. 하나님이 그리스도 안에서 베푸신 "모든 자비하심"을 생각한다면, 우리 자신을 산 제물로 드리는 것만이 유일하게 합당한 우리의 반응이다(롬 12:1; 롬 1-11장도 보라). '사역'이라는 단어는 곧 섬김을 의미한다. 따라서 목회자나 선교사들만이 하나님을 전임으로 섬긴다고 여기는 것은 하나님 나라를 어설프게 묘사하는 일이 된다. 근래에 유진 피터슨만큼 기도에 관해 권위 있는 글을 쓴 저자는 드물다. 그는 구체적으로 목회 사역에 관련지어 기도의 주제를 다루지만, 우리는 기독교의 여러 전임 사역뿐 아니라 그리스도인의 일상적인 삶에 관해서도 그의 글에서 많은 것을 배울 수 있다.

피터슨이 『균형 있는 목회자』(Working the Angles, 좋은씨앗)에서 언급하는 바에 따르면, 목사의 외적인 직무인 설교와 가르침과 행정은 삼각형의 세 변으로 상징되며, 이 세 직무는 다시 삼각형의 세 각으로 상징되는 세 가지 활동에 의존하고 이를 통해 힘을 얻는다. 'Working the Angles', 곧 '각을 다듬기'라는 이 책의 제목은 여기서 연유한다. 목사들은 자신의 외적인 직무에만 초점을 맞추려는 유혹을 계속 받게 될지도 모른다. 그러나 목사가 자신의 사역을 순전하고 바람직한 모습으로 유지할 수 있는지 여부는 이 각을 다듬는 일을 반복적으로 지속하는 데 달려 있다.

피터슨에게 이 세 각은 곧 기도와 성경 읽기, 그리고 영적인 지도이다.

이 "목회자의 세 가지 활동은 매우 기본적이며 중요한 것들로

서 다른 모든 활동의 모양새를 결정한다."[77] 하지만 이 활동들은 다른 사람들이 지켜볼 수 있게 공개적으로 수행되는 것이 아니다. 오히려 이 활동들은 조용하고 사적인 일들이며, 그 특징은 바로 하나님께 귀 기울이는 데 있다.

> 이 중 어느 활동도 공개적인 것이 아니다. 이는 과연 우리가 그 활동들을 이행하고 있는지 여부를 아무도 확실히 알 수 없음을 뜻한다. 사람들은 우리가 예배 때 드리는 기도를 듣게 될 것이며, 우리가 성경의 내용을 설교하고 가르치는 모습을 접하게 될 것이다. 그리고 그들은 우리와 대화를 나누면서 우리가 자신들의 말을 듣는 모습을 보게 될 것이다. 하지만 그들은, 우리가 이런 일들을 행하는 가운데서 과연 **하나님께** 귀를 기울이고 있는지 여부는 결코 알 수 없을 것이다. 이 직무에 종사하는 이들이 하나님께 형식적인 관심만을 보이면서도 그럴듯하게 사역을 수행해 갈 수 있다는 점을 깨닫는 데에는 여러 해가 걸리지 않는다. … 각을 이루는 활동들, 곧 나 자신에 관해서와 성경에 기록된 이스라엘과 교회 공동체에 관해, 그리고 다른 이들에 관해 하나님께 귀를 기울이는 활동들로부터 우리의 목회 사역이 단절될 때, 그 사역은 더 이상 하나님이 부여하신 형태대로 이루어지지 않는다. 목회자와 사제들이 날마다 수행하는 사역에 온전한 형태와 특질을 부여하는 것은 바로 이 각을 다듬는 활동이다. …

---

[77] Eugene Peterson, *Working the Angles: The Shape of Pastoral Integrity* (Grand Rapids: Eerdmans, 1987), 2.

만약 우리가 이 각들을 외면하거나 무관심한 태도를 보인다면, 선들을 아무리 길고 반듯하게 그을지라도 목회 사역의 삼각형을 이루지는 못할 것이다.[78]

소비 지향적이며 외향적인 우리 문화에서는, 각을 다듬어야 한다는 이 원리를 무시하면서 외적인 활동에만 초점을 맞추려는 강한 유혹이 있다. 그런데 이 각들은 서로 밀접히 연관되어 있으며, 우리는 이들 각자를 살필 뿐 아니라 이들 사이의 공생 관계도 헤아릴 필요가 있다. 지금 여기서 초점을 맞추는 것은 바로 기도의 각이다. 나 자신의 목회 경험에 비추어 보면, 기도는 확실히 근본적인 중요성을 지닌다. 하지만 그 일을 제대로 실천하도록 힘써 권면하는 이는 거의 없다. 우리는 목회자로서 공적인 자리에서 적절히 기도할 수 있어야 하며, 사람들은 우리가 기도에 관해 박식한 가르침을 줄 것으로 기대한다. 하지만 내가 깊고 풍성한 기도 생활을 할 수 있도록 도와주려고 했던 지도자가 있었는지 나는 기억이 나지 않는다. 그런 기도 생활은 내 현재와 미래의 사역에 큰 힘이 되었을 것인데도 말이다. 그와 반대로, 사람들은 늘 외적인 사역과 교회 성장에만 관심을 쏟는 듯하다.

나는 이런 내 경험이 보기 드문 것이리라고 여기지 않는다. 목

---

[78] Peterson, *Working the Angles*, 3-4.

회자들의 기도에 관한 통계는 참담한 것까지는 아닐지라도 실망스러운 결과를 보여 준다. 내가 알기로는 목회자들이 날마다 이십 분 정도 기도하는 것도 흔하지 않은 일이며, 헨리 나우웬(Henri Nouwen) 역시 이 점에 동의한다. 기도의 중요성을 부정하거나 기도가 자기 삶의 가장 중요한 측면임을 부인하는 목회자는 거의 없지만, 많은 이들이 기도에 시간을 거의 쏟지 않거나 아예 기도하지 않는다는 점을 지적하면서 그는 이같이 말한다. "그들은 기도를 잊어서는 안 되며 이를 위해 시간을 내야 한다는 점, 자신의 삶에서 기도가 우선시되어야 한다는 점을 깨닫는다. 하지만 그런 의무감에는 행동주의의 거대한 장애물을 뛰어넘을 힘이 없다."[79]

내 목적은 목회자들을 비판하거나 공격하려는 데 있지 않다. 나는 목회 사역이 영광스러우면서도 힘겨운 일임을 잘 안다. 나는 외부에서 목회 사역을 바라보는 것과 직접 그 일을 경험하는 것 사이에는 엄청난 차이점이 있음을 사람들에게 종종 이야기하곤 한다. 목회자들은 끊임없이 공적인 사역을 수행해야 하며, 그 일에는 늘 감시와 비판이 따른다. 그들은 다른 이들의 삶을 섬기려 애쓰는 동시에, 그들 자신과 가족의 삶도 돌보아야만 한다. 목회자들은 다른 이들의 아픔에 몰입하게 되지만, 정작 그들 자신

---

[79] Henri Nouwen, *The Way of the Heart* (New York: Ballantine, 1981), 67. 『마음의 길』, 두란노서원.

의 고통에 관해서는 도움을 거의 받지 못하는 경우가 종종 있다. 그렇기에 나는 동료 목회자들을 헐뜯고 싶은 마음이 전혀 없다. 그보다 나는 누가복음에 묘사된 예수님의 사역에

> 기도는 그리스도 안에서 하나님께 귀를 기울이는 일이며, 궁극적으로는 우리 자신이 그리스도 안에서 거듭 발견되는 것만큼 유익하고 새 힘이 되는 일은 없다.

서 기도의 역할을 새롭게 살핌으로써, 목회자들이 자신의 삶과 사역 속에서 어떻게 기도할지에 관해 방향을 다시 찾게 되기를 소망한다. 그리고 그런 가운데서 우리 모두가 마음 깊이 새 힘을 얻기를 바란다. 기도는 그리스도 안에서 하나님께 귀를 기울이는 일이며, 궁극적으로는 우리 자신이 그리스도 안에서 거듭 발견되는 것만큼 유익하고 새 힘이 되는 일은 없다.

물론 목회 사역은 독특하며, 없어서는 안 될 중요성을 지닌다. 하지만 그 일은 하나님의 백성이 부름받은 다양한 전임 사역 중의 하나일 뿐이다. 피터슨은 각 사람의 영성은 그가 받은 소명에 걸맞은 형태를 띠게 될 것이라고 지적한다. 예를 들면 어린 자녀를 돌보는 전업 주부의 삶에 나타나는 삼각형은 목회자의 것과는 매우 다르게 보일 것이다. 그리고 교사, 예술가, 학자, 마케팅 전문가, 수리공, 혹은 실업자가 지닌 삼각형 역시 그만의 특색을 지닐 것이다. 하지만 공통적으로 이 모든 삼각형에는 은밀한 기도의 각과 성경의 각이 존재한다. 하나님은 성경을 통해 우리에게 말씀하시

며, 우리는 기도로 그분께 응답한다. 교회의 역사 전체에 걸쳐, 우리는 기도를 성경과, 성경을 기도와 분리시키는 일은 치명적인 결과를 낳는다는 것을 종종 비싼 대가를 치르며 배워 왔다. 하나님은 성경을 통해 우리에게 말씀하실 뿐 아니라, 특히 시편과 주기도에서 나타나듯 기도로 그분께 응답하는 법 역시 가르쳐 주신다.

| 읽 어 볼 글 들 |

o 누가복음 5:15-16

| 생 각 해 볼 질 문 |

01 당신은 자신의 전임 사역을 어떻게 설명하겠는가?

___

02 당신의 사역에서 기도와 성경은 어떤 역할을 감당하는가?

___

03 당신의 외적인 활동과 내적인 각들을 살피면서, 자신만의 고유한 '사역의 삼각형'을 그려 보라. 그런 다음에 이렇게 자문해 보라. "나는 각을 잘 다듬고 있는가?"

___

8장

왜 기도가 중심이 되어야 하는가

 기도는 우리가 살아가는 모든 삶의 중심에 놓여야 한다. 이는 하나님이 우리 삶의 중심이 되셔야 하기 때문이다. 우리는 기도를 통해 하나님께 귀를 기울이고, 존재의 가장 깊은 부분에서 우리 자신을 그분 앞에 열어 보이게 된다. 예수님이 성전을 심판하고 정결케 하신 사건은 우리가 기도를 소홀히 하게 되고, 결국에는 하나님을 외면하게 되기가 얼마나 쉬운지를 잘 일깨워 준다. 앞서 보았듯이 구약에서 성전은 주님의 이름으로 일컬음을 받는 곳이다. 이 점은 곧 성전이 하늘에 계신 하나님의 존재를 상징하는 장소임을 나타낼 뿐 아니라, 주님은 진실로 그분의 백성 가운데 함께 계시며 성전은 하나님의 백성이 그분과 만나는 장소임을 뜻하는 것이기도 하다. 그러므로 이사야서에서 하나님이 성전을 "기도하는 내 집"으로 표현하신 것(사 56:7)은 놀라운 일이 아니며, 이사야서는 모든 족속이 그곳에 와서 기도하게 될 때를 내다본다. 성전은 곧 하나님이 자신의 백성과 친밀하고 구체적인 교제 속에 계심을 보여 주는 장소인 것이다. 그곳은 하나님 앞에 나아가는 장소이며(렘 7:15), 기도는 하나님께 귀를 기울이는 일이다. 그러므로 하나님의 집은 필연적으로 기도의 집이다.

성전이 강도의 소굴같이 되었다는 예수님의 표현은 예레미야 7장의 놀라운 본문에서 인용된 것이다. 이 본문에서, 내키지 않는 일을 맡은 예레미야는 성전 문에 서서 백성들의 거짓된 말과 예배에 관해 강력한 메시지를 선포해야만 했다. 이때 주님은 그를 통해 백성에게 이런 질문을 던지셨다. "내 이름으로 일컬음을 받는 이 집이 너희 눈에는 도둑의 소굴로 보이느냐"(렘 7:11).

누가복음 19:45에서 예수님은 성전을 정화하신다. 이는 기도의 집인 그곳이 시장으로 전락해 버렸기 때문이다. 베드로전서 2:4-10에서 베드로는 우리가 새로운 성전, 곧 영적인 제사를 드리는 영적인 집으로 지어져 가고 있음을 이야기한다. 교회에 대한 이 묘사는 기도가 그 중심에 놓여야 마땅함을 일깨워 준다. 교회를 하나의 기업체나 시장, 도피처, 심지어는 강도의 소굴에 이르기까지 원래의 본질과 다른 무언가로 만들어 버리려는 유혹은 항상 있다. 이것은 특히 소비 지향적인 우리의 포스트모던 문화에서 더욱 실제적인 유혹이 된다. 알란 스토키(Alan Storkey)는 우리 문화가 이런 성향에 얼마나 철저히 굴복해 버렸는지를 지적한다. "소비는 집단적인 동시에 개인적이며, 민족적인 동시에 세계적인 성향을 띤다. 그것은 치유자이고 즐겁게 하는 자이며, 연인이자 영적인 안내자이며, 우리를 먹이고 또 위로를 베푸는 자이다. 우리 문화에서 소비는 하나님께 맞서는 주요 경쟁자이다."[80] 또한 스토키는 이렇게 언급한다. "포스트모더니즘은 소비이다. 텍스트와 철학에 연관된 여러 접근 방식에서 종종 변화와 동일한 것으로 간주되는 해체와 파편화는 사실상 구매, 광고, TV 문화, 자극적인 엔터테인먼트, 쇼핑, 스트레스, 온갖 물건들로 가득 찬 삶-한마디로 말해 소비-일 뿐이다."[81]

절제된 방식으로 표현하자면, 교회 역시 이 소비주의의 유혹에서 면제되지 않는다. 이에 관해 데이비드 웰스(David F. Wells)는 이렇게 언급한다.

> 우리 시대의 문화적인 정황에서는, 성경에서 자신을 계시하신 하나님을 충실히 따르려는 영성보다 (기독교적인 것이든 아니든)

---

[80] Alan Storkey, "Postmodernism is Consumption," in *Christ and Consumerism: Critical Reflections on the Spirit of our Age*, ed. C. G. Bartholomew and Karl Möller (Carlisle: Paternoster, 2000), 100.
[81] Storkey, "Postmodernism," 115.

[현대] 문화의 장단에 발맞추어 행진하는 형태의 영성이 선호된
다. 이 새로운 형태의 여러 영성이 지닌 공통점은 우리의 자아에
유익을 제공하면서도 영적인 책임은 거의, 또는 전혀 요구하지
않는다는 데 있다. [우리 시대의] 맞춤형 종교는 각 사람이 자신
의 개성에 따라 그 내용을 변형시키도록 허용한다. 그 종교는 우
리에게 무언가를 주지만 가져가지는 않으며, 우리의 내적인 필
요를 채워 주지만 회개는 요구하지 않는다. 그 종교는 우리에게
신비한 것을 공급해 주면서도 섬김을 요구하지는 않는다. 그 종
교는 우리의 삶 속에 무언가 질적으로 다른 존재가 있다는 의식
을 선사하지만, 정작 우리가 그 존재 앞에 나아가 홀로 서야 한
다고는 요구하지 않는다.[82]

유진 피터슨은 미국 목회자들의 상황에 연관 지어 이런 추세를
살피면서 이렇게 탄식한다.

미국의 목회자들은 상점 주인들의 무리로 바뀌었으며, 그들이
운영하는 상점은 바로 교회이다. 그들은 상점 주인이 품을 법한
관심사들에 마음을 빼앗기고 있다. 이는 곧 손님들이 계속 흡족
한 상태를 유지하게 만드는 방법이나 길 건너편에 있는 경쟁 업
체의 손님들을 끌어오는 방법, 손님들이 더 많은 돈을 쓰게끔 물

---

82 David F. Wells, *Losing Our Virtue: Why the Church Must Recover Its Moral Vision* (Grand Rapids: Eerdmans, 1999), 80. 『윤리 실종』, 부흥과개혁사.

건을 포장하는 방법 등에 관한 것들이다.[83]

이러한 정황에서 누가복음은 유익한 교정 수단이 된다. 누가복음은 복음 사역이 성전에 연관된 일이며, 따라서 기도에 관련된 일임을 일깨워 주기 때문이다. 우리가 실제로 기도하는지 여부는 교회에 관한 우리의 신학을 구체적으로 드러내 보일 것이다. 우리는 사역의 초점을 놓치고 하나님과의 관계를 다른 목표들에 예속시키기 쉽다. 이에 관해 장 다니엘루(Jean Danielou)는 다음과 같이 바르게 주장한다. "교회는 자신의 기능을 온전히 이행할 때 그 존재가 정당화된다. 만일 교회의 역할이 기도를 실행 가능한 일로 만드는 데 있다면, 교회의 노력을 통해 기도가 하나의 뚜렷한 실재가 될 때 교회는 그 존재가 정당화된다."[84] 예수님이 성전을 정화하신 사건을 암시하면서, 다니엘루는 다음의 시를 썼다.

> 내게는
> 구주께서 예루살렘 성전에서 행하신 것과 같은
> 정화가 필요하다
> 무엇보다 중요한 중앙의 빈 공간으로

---

83 Peterson, *Working the Angles*, 1.
84 Jean Danielou, *Prayer as a Political Problem* (University of California Press, 1967), 40.

이르는 길을 막는

하찮고

어수선한 것들을 치워 버려야 한다.

그 중앙은 오직 하나님의 임재로 가득하다.[85]

실질적으로 우리는 이 문제를 어떻게 바로잡을 수 있을까? 오직 예수님이 보여 주신 본을 따름으로써만 가능하다.

---

85 Esther de Waal, *Lost in Wonder: Recovering the Art of Spiritual Attentiveness* (Norich: Canterbury Press, 2003), 19에 인용된 시.

| 읽 어 볼 글 들 |

- 누가복음 19:45-46

| 생 각 해 볼 질 문 |

01 우리에게는 하나님의 성전, 곧 우리 자신과 우리가 속한 교회를 강도의 소굴로 만들어 버릴 위험성이 어떤 식으로 존재하는가?

---

02 우리는 그런 유혹을 피하기 위해 어떤 실제적인 조치를 취할 수 있을까?

9장

예수님이 실천하신 기도

성부 하나님과 홀로 보내는 시간을 우선시하신 예수님

예수님은 정기적으로 공적인 예배를 드리셨다. 또한 하나님과 홀로 보내는 시간을 우선적인 것으로 삼으셨으며, 그 시간은 그분의 공적인 사역을 받쳐 주는 버팀목이었다. 다른 복음서에서처럼, 누가복음 4:42에서도 우리는 기도하기 위해 한적한 곳으로 물러가시곤 했던 예수님의 모습을 보게 된다. 예수님은 성부 하나님과 홀로 보내는 시간을 특히 중요시하셨으며, 그분의 공적인 사역은 이 교제의 연장선 위에 있었다.

우리는 예수님이 광야에서 사십 일을 보내신 이야기를 그분의 사역 속에서만 독특하게 일어난 것으로 간주하고, 우리 자신의 사역과는 무관한 사건으로 여기면서 얼버무리는 경향이 있다. 하지만 영성의 역사 가운데서 이 이야기는 종종 우리의 생각과 다르게 해석되어 왔다. 가장 이른 시기의 수도사 중 한 명이었던 성 안토니(Saint Anthony, AD 251년 이후)는 예수님의 삶 속에 있었던 이 기간을 살피면서 사막으로 떠나야겠다는 영감을 받았으며, 그 후 이십 년 동안 낡은 성채 안에서 은둔하며 살았다. 이에 관해 루이 부이에(Louis Bouyer)는 이렇게 설명한다. "그 수도사가 사막에 묻혀 지낸 것은 예수님이 그분의 삶 속에서 중대한 시기에 보여 주셨던 모습을 본받기 위함이었다."[86]

예수님의 이야기 속에 담긴 이 요소를 그렇게까지 극단적으로 해석하지는 않더라도, 우리는 이처럼 긴 고독의 기간이 그분의 경건 생활 속에서만 나타났던 이례적인 일이 아님을 분명히 헤아릴 수 있다. 영성의 전통에서는 이처럼 자발적인 고독의 시간이 영적인 성장과 갱신에 필수적이라고 주장하는데, 이는 그 기간이 삼십 분이든 사십 일이든 마찬가지이다. 루이 부이에는 이 점을 이렇게 표현한다.

> 우리는 오직 고독을 통해서만, 자신의 내부에 존재하지만 스스로는 깨닫지 못하고 있던 힘들을 발견하고 직면하게 된다. 홀로 있는 법을 알지 못하는 사람은 자신의 마음 깊은 곳에 어떤 갈등

---

86 Louis Bouyer, *A History of Christian Spirituality*, 312.

이 자리 잡고 있는지도 알지 못한다. (그리고 내심 그는 그 갈등에 관해 알고 싶어 하지도 않는다.) 그것은 그 자신에게 해결할 힘이 없으며, 심지어 손댈 힘조차 없음을 느끼게 하는 종류의 갈등이다. 고독은 무서운 시험이다. 그것을 통해 우리가 누리는 피상적인 안정감의 껍질이 깨지고 부서지기 때문이다. 고독은 우리 모두가 내면에 지니고 있는 미지의 심연을 눈앞에 펼쳐 보인다. … 고독은 그 심연이 괴로움에 사로잡힌 곳임을 드러낸다. 그곳에서 발견하게 되는 것은 스스로는 헤아리지 못했던 우리 심령의 깊은 내면뿐이 아니다. 그곳에는 무언가 알 수 없는 힘들 역시 잠재해 있으며, 우리는 그 힘들을 자각하지 못하는 한 계속 그런 힘들에 속박된 채로 머물 수밖에 없다. 그러나 신앙의 빛으로 이 힘들을 조명하지 않는 한, 이런 힘들을 자각할 때 우리는 파멸하고 말 것이다.[87]

안토니 이야기는 또 다른 의미에서 교훈적이다. 그는 그 일을 통해 더욱 온전해진 사람으로 나타나기 때문이다. 이에 관해 부이에는 이렇게 언급한다. "우리는 고독의 시간을 거친 안토니가 … 마음의 평정심을 얻고 고요한 상태에 들어간 모습을 보게 된다. 이제는 그의 모든 인간성이 성령님 앞에 있는 그대로 드러나게 되었으며, 그는 그분의 영향력에 온전히 순복하게 되었다."[88] 그리고

---

87 Bouyer, *A History*, 313.
88 Bouyer, *A History*, 319.

헨리 나우웬은 우리가 안토니에게서 다음의 내용을 배울 수 있다고 지적한다. "우리는 자신의 거짓되고 강박적인 자아가 예수 그리스도의 새 자아로 변화되어야 한다는 부르심을 자각해야 한다. 우리는 그의 모습을 통해, 고독은 이런 변화가 일어나는 용광로임을 보게 된다. 끝으로 그의 모습은 이렇게 변화되고 회심한 자아를 통해 참된 사역이 이루어진다는 것을 보여 준다."[89]

우리에게 이런 언급들은 너무 중세적인 것으로 여겨질 수 있다. 하지만 이런 생각들을 일체 거부하기 전에, 우리의 분주함과 끊임없는 행동주의는 세속적이며 거짓된 자아를 드러내는 표지라는 나우웬의 지적을 숙고해 보자. 그에 따르면 이 자아는 "토머스 머튼의 말처럼, 사회적인 압박 때문에 만들어진 것이다."[90] 우리에게는 이 개념이 직관을 거스르는 것으로 다가올지 모르지만, 사막 교부들은 분주함을 게으름의 표시로 받아들였다! 피터슨은 지나치게 분주한 목회자에 관해 이렇게 언급한다. "'분주한'이라는 단어는 헌신이 아니라 배반을 암시하는 표현이다. 어떤 목회자를 수식하는 단어로 '분주한'이 쓰일 경우, 우리는 그것을 마치 '부정한'이라는 수식어로써 어떤 아내를 묘사하거나 '돈을 횡령하는'이라는 표현을 써서 어떤 은행원을 묘사하는 경우처럼 받아들여야

---

89 Nouwen, *The Way of the Heart*, 10.
90 Nouwen, *The Way of the Heart*, 13. 12-14을 보라.

한다. 그것은 말도 안 되는 수치이며, 불경스러운 모욕이다."[91]

초대 교회 시기, 특히 콘스탄티누스 황제의 통치기 무렵에, 일부 그리스도인들은 당시에 전개되던 문화적인 정황 때문에 철저한 신앙을 품은 신자들이 당하게 될 위험성을 감지하고 사막으로 피신했다. 그들이 '사막 교부'와 '교모'로 불리는 것은 바로 이 때문이다. 사막 교부들의 금언에 관한 작은 책에서, 토머스 머튼은 그들이 속한 문화의 위험성에 대해 교부들이 어떻게 대응했는지를 서술한다. "그들은 가라앉는 배에서 빠져나와 목숨을 걸고 헤엄쳤다. 그들이 구원을 얻은 곳은 바로 사막이라 불리는 은둔의 장소였다."[92] 가톨릭의 영성 전통과 거리가 먼 마틴 로이드 존스(Martyn Lloyd-Jones)의 말을 인용하면 이러하다. "나와 여러분 모두 ⋯ 우리가 홀로 있을 때의 그 모습이 바로 우리 자신입니다."[93]

예수님이 광야로 물러가서 긴 시간을 보내신 일은 그분의 길이 어떤 것이었는지를 뚜렷이 보여 준다. 예수님은 그 길을 분명히 자신의 것으로 삼으셨다. 예수님에게 주어진 세 가지 시험은 모두 그분을 유혹하여 십자가의 길을 회피하게끔 이끌기 위한 것이

---

91 Eugene Peterson, *The Contemplative Pastor: Returning to the Art of Spiritual Direction* (Grand Rapids: Eerdmans, 1989), 17. 『목회자의 영성』, 포이에마.
92 Nouwen, *The Way of the Heart*, 14.
93 Martyn Lloyd-Jones, *Spiritual Depression: Its Causes and Cure* (Grand Rapids: Eerdmans, 1967), 283. 『영적 침체』, 복있는사람.

> 기도를 위한 시간과 장소를 확보하기 위해서는 종종 우리 문화의 흐름을 힘껏 거슬러 나아가야 한다. 곧 자신의 목숨을 걸고 헤엄쳐야만 한다.

었다. 하지만 예수님은 성경을 가지고 그 시험에 맞서 싸우셨으며, 공적인 사역을 위해 준비된 상태로 광야에서 돌아오셨다. 그 사역의 길에는 처음부터 끝까지 십자가의 그림자가 드리워 있었다. 이와 마찬가지로, 자기도취적이며 소비 지향적인 (따라서 십자가에 관련된 어떤 개념도 혐오스럽게 여기는) 지금의 문화가 주는 사회적 압박을 떨치고 우리가 걸어갈 길을 온전히 찾기 위해서는 정기적으로 하나님과 홀로 보내는 시간을 가질 필요가 있다. 만일 예수님이 농촌이라는 환경에서도 고독과 침묵을 중요하게 여기셨다면, 현대를 살아가는 우리는 얼마나 더 그래야 하겠는가? 이에 관해 장 다니엘루는 이렇게 언급한다. "먼저 깨닫게 되는 것은, 우리의 기술 문명이 인간 존재의 리듬에 변화를 가져왔다는 점이다. 삶의 속도가 빨라짐에 따라, 최소한의 기도 생활을 영위할 수 있는 자유마저 얻기가 힘들어졌다."[94]

기도를 위한 시간과 장소를 확보하기 위해서는 종종 우리 문화의 흐름을 힘껏 거슬러 나아가야 한다. 곧 자신의 목숨을 걸고 헤엄쳐야만 한다. 하지만 이와 같이 행할 때, 우리는 새롭고 신선하며 풍성한 방식으로 하나님을 만나게 된다. 이에 관해 성별된 삶

---

94 Jean Danielou, *Prayer as a Political Problem*, 31.

에 관한 가톨릭의 한 문서는 다음과 같이 옳게 언급한다.

> 진정한 영적 생활을 위해서는, 다양한 부르심에 속한 모든 이들이 그분과의 고요한 대화에 깊이 들어갈 수 있도록 날마다 규칙적으로 적절한 시간을 드려야 한다. 이는 그들 자신의 삶을 그분과 함께 나누고, 매일의 여정을 지속할 빛을 얻기 위함이다. 그들은 그분께 사랑받고 있음을 안다. 이것은 성실성을 요구하는 훈련이다. 우리는 현대 사회의 의사소통의 방편들로 인한 무절제한 자극과 소외감에 끊임없이 시달리고 있기 때문이다. 때로 개인 기도와 예배 시의 기도에 성실히 참여하기 위해서는 광적으로 활동을 중시하는 분위기에 휩쓸리지 않도록 진실하게 노력해야 한다. 그렇지 않을 경우에는 열매를 맺기란 불가능할 것이다.[95]

이 일을 위해서는 분명히 매일 기도 시간이 요구되며, 일상생활을 벗어나서 며칠 또는 장기간에 걸쳐 주님 앞에 고요히 머무르는 은둔의 시간을 가질 필요도 있다.

마음으로 기도하신 예수님

앞서 나는 오늘날 많은 목회자들이 기도에 실패하고 있다는 나

---

95 *Starting Afresh from Christ: A Renewed Commitment to Consecrated Life in the Third Millennium* (Sherbrook, QC: Médiaspaul, 2002), 49.

우웬의 글을 인용했다. 나우웬은 이 현상이 기도를 지적인 활동으로 간주하는 경향과 관련 있다고 여긴다. "이 마귀적인 책략 중 하나는 우리로 하여금 기도를 주로 정신적인 활동으로 간주하게끔 이끄는 데 있다. 곧 그 속에는 다른 무엇보다도 지적인 활동들이 포함된다는 것이다. 이런 편견은 기도를 하나님과 이야기를 나누는 것 또는 하나님에 관해 생각하는 것 정도로 격하시킨다. 그러나 참된 기도는 마음에서 나온다."[96]

내가 보기에 개신교 전통의 곳곳에서 이런 문제점의 예시들이 나타난다. 우리의 영성은 머리에만 담겨 있는 경우가 너무나 많다. 그 때문에 우리의 마음은 말라비틀어진 채로 가뭄에 시달린다. 곧 하나님의 임재가 단비처럼 임하기를 갈망하지만, 정작 그 임재를 어디서 발견해야 할지를 알지 못하는 상태에 머무는 것이다. 은사주의 전통은 이 문제의 해결을 시도한다.

예수님에게 기도는 그저 하나님에 관해 생각하고 그분께 말을 건네는 것 이상의 일이다. 예수님에게 그것은 마음에서 흘러나오는 교제(communion)이다. 구약의 지혜 문헌에서 강조하듯이, 마음은 인간 존재의 중심에 놓인다. 예수님의 기도 생활이 지닌 이 측면은 누가복음 10장과 11장에서 뚜렷이 드러난다.

누가복음 10장의 끝부분에서 우리는 예수님이 마르다와 마리

---

96 Nouwen, *The Way of the Heart*, 68-71.

아를 방문하신 이야기를 접한다. 이 이야기는 주기도의 바로 앞부분에 기록되어 있으며, 누가의 글에만 독특하게 언급되는 사건이

> 예수님에게 기도는 그저 하나님에 관해 생각하고 그분께 말을 건네는 것 이상의 일이다. 예수님에게 그것은 마음에서 흘러나오는 교제(communion)이다. 구약의 지혜 문헌에서 강조하듯이, 마음은 인간 존재의 중심에 놓인다.

다. 이 이야기에서 마리아는 제자들이 예수님께 드려야 할 적절한 환대의 본보기가 된다. "주"라는 표현이 반복되면서 예수님의 권위가 확립되고, 마리아가 그분의 발치에 앉은 것은 복종과 경청의 자세를 보여 준다. 이에 관해 그린은 이렇게 언급한다. "예수께서 찾으시는 환대는 어수선하고 분주한 집안일을 통해서가 아니라, 그분의 현존 자체를 통해 하나님의 계획이 드러나게 되는 이 손님[예수님]의 말씀에 귀를 기울이는 데서 전형적으로 드러난다."[97] 만일 머튼의 말처럼 기도를 "그분의 말씀을 듣고 우리의 전 존재로 응답하기 원하는" 태도로[98] 여긴다면, 이 이야기에 기도에 관한 교훈이 담겨 있다고 보는 것은 적절한 일이다.

이런 인상은 문맥을 통해 확증된다. 마리아가 예수님 말씀을 경청한 이야기 다음에는, 예수님이 기도를 통해 성부 하나님께 귀를 기울이셨다는 언급이 이어지기 때문이다. 앞서 논했듯이, 예수님

---

97 Green, *The Gospel of Luke*, 434.
98 Merton, *Contemplative Prayer*, 83.

을 따르는 유대인 제자들은 어린 시절부터 기도해 왔다. 그렇기에 그들이 기도의 방식을 모른다고 지적할 사람은 아무도 없었다. 그들은 태어날 때부터 신앙으로 양육받았으며, 또 자신의 신앙을 직접 고백한 이들이었다. 그리고 요청을 받을 경우에는 각자 공적인 기도를 인도할 수도 있었다. 하지만 그들이 예수님과 함께 지내는 동안에 모든 것이 달라졌다. 누구든 예수님과 함께 오랜 시간을 보내는 이는 그분의 삶이 성부 하나님과의 깊고 실존적이며 생명력 있는 관계 속에 뿌리를 두고 있음을 깨닫게 된다.

이제까지 제자들의 기도 시간은 형식적인 것이었으며, 결코 그들은 삶의 가장 깊은 부분에서 그 일에 관여한 적이 없었다. 하지만 예수님이 보여 주신 기도는 그들의 기도와 확연히 달랐다. 예수님 주변에는 성부 하나님과 함께 나누는 교제의 분위기가 매혹적인 향기처럼 맴돌고 있었으며, 제자들 역시 그 교제를 누리기 원했다. 제자들은 예수님과 성부 하나님 사이의 교제에 무언가 매우 새롭고 신선한 성격이 담겨 있음을 보았으며, 그래서 예수님께 기도를 가르쳐 주시기를 구했던 것이다. "주여 … 우리에게도 가르쳐 주옵소서"라는 요청은 주님을 만나 보지도, 그분이 품으신 목적을 접해 보지도 못한 이들이 드린 것이 아니다. 그것은 마음속에서부터 성부 하나님과 교제하려는 깊은 갈망이 솟아난 제자들이 드린 요청이었다.

예수님이 "너희는 기도할 때에 이렇게 하라 **아버지여**"라고 가르치셨을 때 제자들이 느꼈을 기쁨과 놀라움을 상상해 보라.[99] 예수님은 오직 몇 마디 말만을 가지고서 마음으

> "주여 … 우리에게도 가르쳐 주옵소서"라는 요청은 주님을 만나 보지도, 그분이 품으신 목적을 접해 보지도 못한 이들이 드린 것이 아니다. 그것은 마음속에서부터 성부 하나님과 교제하려는 깊은 갈망이 솟아난 제자들이 드린 요청이었다.

로 드리는 기도를 가르치셨다. 하나님과 교제하는 데 수많은 말이 필요할 이유가 어디 있겠는가? 하지만 우리는 주기도를 어떻게 다루어야 할지 몰라서 종종 혼란을 느낀다. 그 기도를 따라하는 데에는 수십 초밖에 걸리지 않기 때문이다. 그러면 그 기도가 끝난 뒤에는 어떻게 해야 하는 것일까?

사막 교부들이 짧은 기도를 통해 성부 하나님과 더욱 풍성한 교제를 누리라고 조언했던 것은 흥미로운 일이다. 다시 헨리 나우웬의 말을 통해 살펴보자.

> 누군가 수사 마카리우스에게 물었다. "어떻게 기도해야 합니까?" 그러자 그 노인은 말했다. "이야기를 길게 늘어놓을 필요가 전혀 없습니다. 그저 하늘로 손을 뻗고 이렇게 말하기만 하면 충분합니다. '주님, 당신께서 저를 아시며 돌보심을 믿습니다.

---

[99] 역주: 저자는 NIV 본문의 "When you pray, say 'Father.'"를 인용하면서, 예수님이 높으신 하나님을 '아버지'로 부르도록 가르치신 일을 강조한다.

저에게 자비를 베푸소서.' 갈등이 더욱 극심해질 때는 이렇게 말하십시오. '주님, 도우소서.' 주님은 우리에게 무엇이 필요한지를 잘 아시며, 그분의 자비를 보여 주실 것입니다."[100]

육지에서 멀리 떨어진 섬에 살았던 러시아의 세 수도사에 관한 톨스토이의 경이로운 이야기가 있다. 어느 날 그곳을 방문한 주교는 그들이 주기도를 모른다는 것을 알고 불편한 마음을 느꼈다. 그래서 주교는 그곳에 머무는 내내, 그들에게 그 기도를 가르치는 일에 시간을 쏟았다. 이윽고 배를 타고 그 섬을 떠날 때, 그는 수도사들이 물을 가로질러 자기에게 달려오는 모습을 보았다. 수도사들은 주교에게 소리쳤다. "신부님, 주기도의 내용이 기억나지 않습니다." 이에 놀란 주교는 물었다. "그러면 평상시에는 어떻게 기도하십니까?" 그들은 대답했다. "사랑하는 하나님, 당신도 세 분이 계시고, 우리도 셋이 있습니다. 우리에게 자비를 베푸소서!" 그들의 순박하고 거룩한 마음에 감동을 받은 주교는 그들에게 돌아가서 평안히 지내라고 이야기한다.[101]

앤 라모트(Anne Lamott)는 유쾌한 저서 『마음 가는 대로 산다는 것』(Traveling Mercies, 청림출판)에서, 자녀를 키우면서 늘 분주함과

---

100 Nouwen, *The Way of the Heart*, 80.
101 이 이야기는 Henri Nouwen, *The Road to Daybreak* (New York: Image, 1988), 50에서 언급된다. 『데이브레이크로 가는 길』, 포이에마.

피곤에 시달리는 그녀와 친구들은 두 가지 기도를 계속 읊조리게 된다고 이야기한다. "도와주세요, 도와주세요, 도와주세요."와 "감사합니다, 감사합니다, 감사합니다!"가 그것이다. 여기서 요점은, 마음에서 나온 기도로써 이루어지는 교제에는 더 많은 말이 필요한 것이 아니라 오히려 더 적은 말이 요구된다는 데 있다. 말은 교제를 촉진하며, 그것이 지닌 영광은 바로 거기에 있다. 하지만 지적인 것을 강조하는 문화에서 우리는 말에 너무 많은 것을 기대한다. 이에 관해 장 바니에는 이렇게 숙고한다.

> 예수님 안에 머물거나 거하는 것은 곧 그분을 우리의 집으로 삼고,
> 그분도 우리를 그분의 집으로 삼으시게 하는 것이다.
> 우리는 그분 안에, 그분과 함께 있을 때 편안함을 느낀다.
> 그곳은 서로가 함께하며 쉼을 누리는 장소이며,
> 서로의 안에 거하면서 우정을 나누는 장소이다.
> 이 쉼은 생명과 창조성의 원천이 된다.
> 예수님 안에 머물면서 우리는 열매를 맺고, 다른 이들에게 생명을 나눠 준다.
> 우리는 서로의 안에 거하는 삶을 살아간다.
> 이 내주는 곧 우정이다.[102]

---

102 Vanier, *Drawn into the Mystery*, 272.

안식, 내주, 우정과 같은 개념들은 모두 그런 친밀한 교제 안에서 고유한 위치를 지닌다. 침묵, 쉼, 기다림, 스며듦, 그분의 은혜를 입음 같은 개념들 역시 마찬가지이다.

| 읽어 볼 글들 |

○ 누가복음 11:1-13

| 생각해 볼 질문 |

01 당신이 예수님의 기도 모습을 지켜보는 제자 중 하나였다고 상상해 보라. 당신은 그 모습을 보면서 어떤 점에 주목하겠는가?

---

02 주기도는 예수님처럼 기도하려는 우리의 갈망에 어떻게 도움이 되는가?

10장

기도와 사역

이 책에서 기도에 관해 제시해 온 강조점에 대해, 이런 반론이 제기될 수 있다. 목사의 직무를 바쁘게 수행하는 가운데서 어떻게 그렇게 행할 수 있겠는가? 또 힘겨운 직장 생활 속에서, 학교나 대학에서 강의를 해야 하는 고된 일상이 반복되는 가운데서, 어린 자녀들을 키우는 분주함 가운데서 어떻게 그런 기도를 할 수 있겠는가? 기도해야 한다는 그 주장에 원칙적으로는 당연히 동의하지만, 현실적으로는 그리 쉽지가 않다.

첫째로, 목회 사역에는 기도에 대한 특별한 헌신이 필연적으로 수반되는 듯이 보인다는 점을 살피는 것은 가치가 있다. 사도들이 그랬듯이, 목회자들 역시 **기도와 말씀을 위해** 구별된 이들이다. 따라서 목회자는 다른 여러 직종에 속한 그리스도인들보다 더욱 기도하는 일에 헌신할 것으로 여겨진다. 하지만 올바르게 이해한다면, 모든 직업은 하나님의 백성이 감당해야 할 사명의 일부이며, 그들은 각자 자신의 직업을 통해 하나님의 일을 증언하게 된다. 선교와 마찬가지로 증언 역시 전인적인 개념이며, 그 속에는 말로써 행하는 복음 전도가 포함되지만 그것에만 한정되는 것은 아니다.

둘째로, 목회 사역에서 기도가 특별하게 강조된다는 사실은 기도는 그저 개인적인 것일 뿐 아니라 본질상 공동체적인 것이기도 하다는 점을 일깨워 준다. 나는 때로 학생들에게, 그들이 속한 교회의 목회자가 좋은 분인지 알아보는 한 가지 방법은 그에게 기도를 가르쳐 달라고 요청하는 데 있다고 조언하곤 한다. 목회자는 자신의 양 떼가 늘 하나님께 귀를 기울이게끔 인도하는 일에 부름을 받았다. 그리고 그는 기도하는 법을 가르칠 뿐 아니라 직접 그 본을 보이지 않고는 그 일을 감당할 수 없다. 물론 그리스도인들은 함께 모일 때마다 기도하곤 하며, 그 기도는 고백이나 찬양, 간구의 형태로 드려질 수 있다. 우리는 앞서 성부 하나님의 집인 성전은 기도하는 곳이 되어야 한다는 성자 예수님의 말씀을 살폈다. 그리고 예수님의 삶과 죽음을 통해, 우리와 하나님 사이를 중재하는 성전의 역할은 영원히 변경되었다. 그리하여 신약에서는 예수님 자신 외에도 신자 개개인(고전 6:19)과 각 회중(고전 3:16-17), 그리고 교회 전체(엡 2:21)가 각기 성전으로 묘사된다.

이에 관해 미니어(Minear)는 이렇게 언급한다. "그 이미지가 이 셋 모두에게 적용될 수 있는 것은 그 안에 성령님이 임재하시기 때문이다."[103] 성령님은 하나님의 임재를 드러내시며, 이에 따라 그리스도인 각자와 지역 회중, 그리고 더 넓은 의미의 교회는 모두 하나님이 머무시는 처소가 된다. 이는 곧 사람들이 하나님과 교제하는 장소이며, 따라서 그들이 기도하는 장소가 되는 것이다!

셋째로, 예수님이 수행하신 것만큼 야심찬 사역은 없었음을 기억해야 한다. 예수님의 목표는 온 창조 세계를 구속하는 데 있었지만, 그럼에도 그분은 자신의 모든 사역을 수행하시면서 성부 하나님과의 교제에 중점을 두셨다. 기도하는 일과 삶의 다른 요구들 사이에서 균형을 잡는 것은 분명히 쉽지 않다. 하지만 우리는 바쁜 삶 속에서 제기되는 다른 요구들에 맞추어 기도 일정을 변경해야 한다는 암묵적인 전제에 굴복하지 말아야 한다. 장 바니에는 언젠가 사람들에게 과연 기도하고 있는지 물었던 일을 회상한다. 그러자 그들은 "생활이 너무 분주해서요." 하고 대답했다. 바니에는 이렇게 응수했다. "그러면 휴가 때에는 틀림없이 기도에 많은 시간을 쏟으시겠군요!" 더 이상 다른 말이 필요 없다! 정작 우리

---

103 Paul S. Minear, *Images of the Church in the New Testament* (Philadelphia: Westminster, 1960), 77.

의 아버지이신 분께 쏟을 시간은 없다고 하면서 그분의 일을 감당하려는 것은 얼마나 아이러니한 일인지 모른다.

> 기도하는 일과 삶의 다른 요구들 사이에서 균형을 잡는 것은 분명히 쉽지 않다. 하지만 우리는 바쁜 삶 속에서 제기되는 다른 요구들에 맞추어 기도 일정을 변경해야 한다는 암묵적인 전제에 굴복하지 말아야 한다.

넷째로, 우리는 성공적인 사역은 기도에 달려 있다는 누가의 강조점으로 돌아온다. 실로 기도는 성공적인 사역을 가능하게 한다. 다만 '성공적인'이라는 단어는 불편할 수 있다. 그 단어는 너무도 쉽게 숫자의 관점에서 정의되곤 하기 때문이다. 곧 점점 그 수가 많아지는 회중, 어떤 방법을 써서라도 성장하기를 추구하는 교회 등이 그 예이다. 하지만 이와 달리, 여기서 내가 말하는 '성공적인' 사역은 곧 하나님께 속한 세상 가운데서 그리스도의 임재를 구체적으로 드러내는 일들을 가리킨다. 목회자의 경우에는 말씀과 성례전을 통해 예수님의 어떠하심을 드러내는 일과, 사람들을 그분과의 연합으로 인도하고 이를 통해 하나님의 생명에 참여하게끔 이끄는 일이 그런 사역에 포함된다. 그리고 다른 직업에 속한 이들의 경우에도, 다소 덜 직접적이긴 하겠지만 하나님의 일을 생생히 증언할 수 있다. 앞서 보았듯이, 누가복음의 뚜렷한 특징 중 하나는 기도를 통해 예수님의 어떠하심이 뚜렷이 드러난다는 그 주장에 있다.

10장 : 기도와 사역

> **비추심**
>
> 예수님을 섬길 때, 우리는 그분으로 충만한 사역을 수행하고 싶다는 위대한 갈망을 품는다. 결국에는 성령님이 일하시는 목적도 바로 거기에 있다. 패커(J. I. Packer)가 설교하기 위해 어느 교회로 가던 중에 겪은 일을 들려준 적이 있다. 그는 성령님에 관해 말씀을 전하려 했지만, 설교 중에 어떤 예화를 사용할지 아직 확신이 서지 않은 상태였다. 그런데 어느 모퉁이를 도는 순간, 한 게시판이 눈에 띄었다. 그 게시판은 환한 불빛으로 조명되고 있었지만, 그 조명 기기 자체는 눈에 보이지 않았다. 패커에 따르면, 성령님이 행하시는 사역도 바로 그와 같다. 곧 성령님은 오직 예수님만 환하게 비추심으로써, 우리로 하여금 그분의 놀라운 참모습을 대면하게 하신다.

기도의 응답으로, 성령님은 예수님의 참모습을 우리에게 보여 주신다. 이는 성령님이 기뻐하시는 일이다. 그러므로 우리 설교자들이 자신의 사역을 통해 예수님의 참모습을 사람들에게 드러내는 일에 정말로 관심을 품는다면, 그 일을 위해 기도를 우선순위에 두게 될 것이다. 곧 예수님이 그리하셨듯이, 우리도 끊임없는 기도의 삶을 통해 설교하고 목회하게 되는 것이다. 이에 관련해서 피터슨은 이런 질문을 던진다. "만일 나 자신이 쉼 없이 움직이고 있다면, 어떻게 사람들을 고요하고 잔잔한 물가로 이끌어 갈 수 있겠는가?"[104] 그는 이렇게 서술한다.

나는 주일마다 내가 담임하는 교회에 예배를 드리러 오는 회중

---

104 Peterson, *The Contemplative Pastor*, 19.

들이 강단에서 선포되는 메시지를 들을 때, 그 속에서 하나님의 말씀이 지닌 독특한 권위의 어조를 발견하게 되기를 바란다. 그리고 그 메시지가 그들 자신의 언어로써 그들의 삶에 말을 건네고 있음을 알게 되기를 원한다. 그런데 괜찮은 개요와 멋진 예화들만 가지고는 그런 일이 일어나지 않는다.

이런 종류의 설교는 침묵과 고독, 집중과 열심을 요구하는 창의적인 행위이다. 이와 관련해서 브라운(R. E. C. Brown)은 이렇게 주장한다. "사람들을 감동시키는 모든 연설은 어떤 이의 정신이 침착하고 고요한 상태에 있을 때 작성된 것이다." 내가 분주하게 활동하는 동안에는 결코 그 일을 이룰 수 없다.[105]

목회 사역에 관련지어, 피터슨은 멜빌(Meville)의 『모비 딕』(*Moby Dick*)에 나오는 작살꾼의 이미지를 예로 든다. 고래잡이배에 탄 선원들은 혹독한 노동에 시달리지만, 그중에는 무언가를 기다리면서 고요하고 침착한 상태를 유지하는 한 사람이 있다. 여기서 피터슨은 이렇게 언급한다. "최대한 효과적으로 작살을 쏘기 위해, 이 세상의 작살꾼들은 한가로이 있다가 잽싸게 일어나야 한다. 힘들게 일하던 중에는 작살을 제대로 쏠 수 없다. 존 오먼(John Oman)이 사역의 두 가지 위험 요소로 언급한 '동요와 근심'에 압도되는 대신에, 하나님 앞에 조용히 있으면서 그분께 집중하는 법

---

[105] Peterson, *The Contemplative Pastor*, 21.

을 배우는 편이 훨씬 더 성경적이다. 동요는 우리의 활력을 소진시키며, 근심은 그것을 무력하게 만들기 때문이다."[106]

예수님이 잘 아셨듯이 사역의 목적은 하나님께 있으며, 우리는 기도로써 이것을 시인한다. 피터슨은 다른 글에서도, 더 많은 책을 읽고 더 많은 일을 행하려는 강박적인 충동에 맞서 단순한 삶을 살 것을 우리에게 권면한다. **"세상은 당신을 더 많이 필요로 하지 않습니다. 세상에는 하나님이 더욱 필요합니다.** 당신의 친구들에게도 당신이 더 많이 필요한 것이 아니라, 하나님이 더 많이 필요하지요. 당신 역시 당신 자신을 더 많이 필요로 하지 않습니다. 당신에게도 더욱 필요한 것은 바로 하나님이십니다."[107]

---

106 Peterson, *The Contemplative Pastor*, 25.
107 Eugene Peterson, *Subversive Spirituality* (Grand Rapids: Eerdmans, 1994, 1997), 30. 『하나님의 신비에 눈뜨는 영성』, 좋은씨앗.

| 읽 어 볼 글 들 |

o 누가복음 10:38-42

| 생 각 해 볼 질 문 |

01 당신이 하나님과 꾸준히 교제하는 일을 방해하는 요소로는 어떤 것들이 있는지 차분히 생각해 보라.

---

02 당신은 마리아를 좀 더 본받기 위해 어떤 점을 변화시킬 수 있겠는가?

11장

쉬지 말고 기도하라

데살로니가전서에 담긴 마지막 가르침에서, 바울은 그곳의 그리스도인들에게 이렇게 권면한다. "항상 기뻐하라 쉬지 말고 기도하라 범사에 감사하라 이것이 그리스도 예수 안에서 너희를 향하신 하나님의 뜻이니라"(살전 5:16-18). 많은 사람들은 쉬지 말고 기도하라는, 실행이 불가능해 보이는 이 격려에 관해 당혹감을 보여 왔다. 그리고 데살로니가전서의 주석가들은 이 말의 의미에 관해 몇 가지 가능성을 제시한다. 물론 이 말은 단순히 규칙적으로 기도하라는 권고일 수도 있다.

한편 이런 측면에 연관지어, 장 루이 크레티앵(Jean-Louis Chrétien)은 기도의 공동체적인 차원을 바르게 지적한다.

이 목소리들과 운명들의 뒤얽힘을 숙고하면서, 성 아우구스티누스는 기도의 영속성에 관해 웅변적인 사색을 전개하게 되었다. 이 주제는 늘 논란을 불러일으켜 왔다. 사람들은 한 개인이 쉬지 않고 기도하는 일이 어떻게 가능한지를 의아히 여겼기 때문이다. 가장 일반적인 해결책은 그것이 하나님께 드려질 경우, 어떤 행동이든 하나의 기도가 될 수 있다고 말하는 것이다. 이 해결책은 명백히 기도를 발화 행위와 구분 짓는다. 하지만 적어도 한 가지 기도는 사람의 목소리를 통해 영속적으로 드려지고 있다. 이는 곧 공동체의 기도이다. 이 공동체 안에서는 한 지체가 입을 다물면, 다른 지체가 그 기도를 이어받아 목소리를 내기 시작한다. 성 아우구스티누스는 교회의 기도를, 한 사람이 시공간을 가로질러 끊임없이 드리는 기도로 묘사한다. 그리고 그의 이 신학적인 관점과는 별도로, 기도의 독특성은 뚜렷이 강조된다. 기도하는 이는 자신이 내는 음성이 거대한 합창대에 속한 하나의 목소리이며, 그 발화 공동체가 이어져 온 역사의 한 순간에 속한 것임을 알기 때문이다.[108]

---

108 Jean-Louis Chrétien, *The Ark of Speech*, trans. Andrew Brown (New York and London: Routledge, 2004), 35. (역주: 크레티앵은 이 부분에서 모든 신자들의 기도는 본질상 공동체적인 것이라고 언급한다. 이는 신자 개개인이 홀로 떨어져 있더라도, 그리스도의 신비한 몸인 교회의 일원으로서 기도하기 때문이다. 따라서 기독교 신앙 안에서 개인 기도와 단체 기도는 상호 보완적인 특징을 지닌다. 이 인용문에 언급되는 "이 목소리들과 운명들의 뒤얽힘을 숙고하면서…"는 이 두 기도의 관계를 지적하는 구절이다.)

예수님에 관한 누가의 묘사는 신자 개개인이 쉼 없이 드리는 기도에 관해 무언가 중요한 실마리를 던져 줄 수 있다. 앞서 보았듯이 예수님은 성부 하나님과의 연합 속에 거하셨으며, 예수님이 말로써 드린 기도는 이같이 하나님과의 교제에 깊이 몰입하신 가운데서 나온 것이었다. 기독교 영성의 전통은 우리가 기도 시간에 품게 된 목적이 우리의 삶 전체에 스며들고 그 속에 넘쳐흐르게 되어야 마땅하다는 점을 종종 언급해 왔다. 바울이 자신의 권면에서 실제로 염두에 두었던 것이 이 점이든 아니든, 예수님이 보여 주신 본을 통해 살필 때 그것은 분명히 바람직한 목표이다. 우리 자신이 온전히 타오르는 불길처럼 될 수 있다면, 그보다 덜한 상태에 안주할 이유가 어디 있겠는가?

부록
추가적인 독서를 위한 자료

—

Chrupcala, L. Daniel. "The Practice of Prayer by Jesus in the Lukan Teachings." Pages 201-236 in *Everyone Will See the Salvation of God: Studies in Lukan Theology.* Studium Biblicum Franciscanum 83. Milano: Edizioni Terra Santa, 2015. 이 장에는 유용한 자료들의 자세한 목록이 포함되어 있다.

Holmås, Geir Otto. *Prayer and Vindication in Luke-Acts: The Theme of Prayer Within the Legitimating and Edifying Objective of the Lukan Narrative.* Library of NT Studies. London and New York: T&T Clark, 2011.

Longenecker, Richard N., ed. *Into God's Presence: Prayer in the New Testament.* Grand Rapids: Eerdmans, 2002.

Wright, N. T. *The Lord and His Prayer.* Grand Rapids: Eerdmans, 1996. 『주기도와 하나님 나라』, IVP.

이 책을 쓰면서 내 책인 *Introducing Biblical Hermeneutics: A Comprehensive Framework for Hearing God in Scripture* (Grand Rapids: Baker Academic, 2015)의 일부분을 활용했다는 점을 독자에게 알리고 싶다. 또한 Craig Bartholomew and Robby Holt, "Prayer in/and the Drama of Redemption in Luke: Prayer and Exegetical Performance," in *Reading Luke: Interpretation, Reflection, and Formation,* ed. C. G. Bartholomew, J. B Green, and A. C. Thiselton, Scripture and Hermeneutics Series 6 (Carlisle, PA: Paternoster, 2006; Grand Rapids: Zondervan, 2005), 350-375의 내용 중 일부도 활용했다.

기도의 실천 지침을 찾는 독자들이 있다면, 내가 알기로는 *Sacred Space* (Notre Dame: Ave Maria Press)가 가장 좋은 책이다. 이 책은 온라인에서도 살펴볼 수 있다(www.sacredspace.ie).

기도에 관해 중요한 책을 쓴 현대의 저자로는 토머스 머튼, 유진 피터슨, 캐슬린 노리스(Kathleen Norris), 장 바니에, 헨리 나우웬이 있다. 피터슨은 영성에 관한 책들의 목록에 주석을 달아서 책으로 냈는데, *Take and Read: Spiritual Reading-An Annotated List* (Grand Rapids: Eerdmans, 1996)라는 책이다. 이 책의 각주에도 여러 유용한 자료가 언급되어 있다.

MEMO

MEMO